四特 教育系列丛书 SITEJIAOYUXILIECONGSHU

U0640331

自主学习有办法

《"四特"教育系列丛书》编委会　编著

吉林出版集团股份有限公司
全国百佳图书出版单位

图书在版编目 (CIP) 数据

自主学习有办法／《"四特"教育系列丛书》编委会编著.
—长春：吉林出版集团股份有限公司，2012.4
（"四特"教育系列丛书／庄文中等主编.爱学习，爱
科学）

ISBN 978-7-5463-8688-1

I.①自… Ⅱ.①四… Ⅲ.①中小学生－学习方法
Ⅳ.① G632.46

中国版本图书馆 CIP 数据核字（2012）第 044028 号

自主学习有办法

ZIZHU XUEXI YOU BANFA

出 版 人	吴 强	
责任编辑	朱子玉 杨 帆	
开 本	690mm×960mm 1/16	
字 数	250 千字	
印 张	13	
版 次	2012 年 4 月第 1 版	
印 次	2023 年 2 月第 3 次印刷	

出 版 吉林出版集团股份有限公司
发 行 吉林音像出版社有限责任公司
地 址 长春市南关区福祉大路 5788 号
电 话 0431-81629667
印 刷 三河市燕春印务有限公司

ISBN 978-7-5463-8688-1　　　　　定价：39.80 元

前　言

　　学校教育是个人一生中所受教育最重要的组成部分，个人在学校里接受计划性的指导，系统地学习文化知识、社会规范、道德准则和价值观念。学校教育从某种意义上讲，决定着个人社会化的水平和性质，是个体社会化的重要基地。知识经济时代要求社会尊师重教，学校教育越来越受重视，在社会中起到举足轻重的作用。

　　"四特"教育系列丛书以"特定对象、特别对待、特殊方法、特例分析"为宗旨，立足学校教育与管理，理论结合实践，集多位教育界专家、学者及一线校长、教师的教育成果与经验于一体，围绕困扰学校、领导、教师、学生的教育难题，集思广益，多方借鉴，力求全面彻底解决。

　　本辑为"四特"教育系列丛书之《爱学习，爱科学》。

　　古今中外，许多成功人士都重视和强调学习方法的重要性。伟大的生物学家达尔文就曾说过："最有价值的知识是关于方法的知识。"著名的大科学家爱因斯坦的成功方程式则是"成功＝艰苦的劳动＋正确的方法＋少说空话"。这也是爱因斯坦对其一生治学和科学探索的总结。我们不难看出正确的方法在成功诸因素中具有多么重要的位置。联合国教科文组织出版的《学会生存》一书中指出："未来的文盲不再是不识字的人，而是没有学会怎样学习的人。"也就是说，未来的文盲不是"知识盲"，而是"方法盲"。所以，在教学中对学生进行正确学习方法教育极具重要性。本辑包括提高智力的方法以及各种学习方法和各科学习方法等内容，具有很强的系统性、实用性、实践性和指导性。但要说明的是："学习有法，但无定法，贵在得法。"教师在教学中要注意因材施教，注意学生的个体差异，进而施以不同的方法教育，这样才能让学生掌握最适合自己的学习方法和学习的金钥匙，从而终身享用。

　　科学是人类进步的第一推动力，而科学知识的普及则是实现这一推动的必由之路。在新的时代，社会的进步、科技的发展、人们生活水平的不断提高，为我们青少年的科普教育提供了新的契机。抓住这个契机，大力普及科学知识，传播科学精神，提高青少年的科学素质，是我们全社会的重要课题。科学教育，是提高青少年素质的重要因素，是现代教育的核心，这不仅能使青少年获得生活和未来所需的知识与技能，更重要的是能使青少年获得科学思想、科学精神、科学态度及科学方法的熏陶和培养。

　　本辑共20分册，具体内容如下。

　　1.《智能提高有办法》

　　智能提高可能性，与遗传基因和后天因素息息相关。遗传因素我们无法改变，能够改变的就是尽量利用后天因素。本书针对学生如何提高学习智能进行了系统而深入的分析和探讨，并给予了切实的指导，对中小学生颇有启发意义，具有很强的系统性、实用性、实践性和指导性。

　　2.《高效学习有办法》

　　高效学习法是一种寓教于乐的教育方式和高效学习训练系统。它从阅读、记忆、速算、书写这四个方面入手，提高学生的"速商"，让学生读得快，学得快，算得快，记得快，迅速提高学习成绩。本书针对学生如何提高学习效率进行了系统而深入的分析和探讨，并给予了切实的指导，对中小学生颇有启发意义，具有很强的系统性、实用性、实践性和指导性。

3.《提高记忆有办法》

人的大脑机能几乎都以记忆力为基础，只有记忆力好，学习、想象、创意、审美等能力才能顺利发展。那么如何才能记得更多、记得更牢、更有效地提高记忆力呢？本书帮助你找到提高记忆力的秘密，将记忆能力提升到顶点。本书针对学生如何提高记忆力进行了系统而深入的分析和探讨，并给予了切实的指导，对中小学生颇有启发意义，具有很强的系统性、实用性、实践性和指导性。

4.《阅读训练有办法》

本书以语境语感训练为主要教学法，以日常生活中必读的各种文体、范文讲解及阅读材料的补充为内容，从快速阅读入手，帮助学习者提高汉语阅读水平。学生在学习的过程，根据实际情况选用适应的学习方法，定能收到事半功倍的效果。

5.《轻松作文有办法》

写作是汉语的重要组成部分，在汉语中有举足轻重的地位。人们抒发感情需要写作，总结经验教训需要写作，记叙事件需要写作……总之，无论学习、工作、生活都离不开写作。本书针对学生如何提高写作能力进行了系统而深入的分析和探讨，并给予了切实的指导，对中小学生颇有启发意义，具有很.强的系统性、实用性、实践性和指导性。

6.《课堂学习有办法》

课堂听课是学生在校学习的基本形式，学生在校学习的大部分时间是在听课中度过的。听课之所以重要，是因为大部分知识都得通过听老师的讲课来获取。要想学习好，首先必须学会听课。本书针对学生如何提高课堂学习能力进行了系统而深入的分析和探讨，并给予了切实的指导，对中小学生颇有启发意义，具有很强的系统性、实用性、实践性和指导性。

7.《自主学习有办法》

自主学习是与传统的接受学习相对应的一种现代化学习方式。以学生作为学习的主体，通过学生独立的分析、探索、实践、质疑、创造等方法来实现学习目标。本书针对学生如何提高自主学习能力进行了系统而深入的分析和探讨，并给予了切实的指导，对中小学生颇有启发意义，具有很.强的系统性、实用性、实践性和指导性。

8.《应对考试有办法》

考试主要有两种目的：一是检测考试者对某方面知识或技能的掌握程度；二是检验考试者是否已经具备获得某种资格的基本能力。如何有效地准备考试，可分成考试前、考试中、考试后三个部分做说明。本书针对学生如何应对考试进行了系统而深入的分析和探讨，并给予了切实的指导，对中小学生颇有启发意义，具有很强的系统性、实用性、实践性和指导性。

9.《文科学习有办法》

综合文科的学习旨在帮助学生学会学习，学会分析研究人与自然、人与社会、人与自身关系中的现实问题，学会探讨解决问题的方法等，帮助学生树立终身学习的观念。在这个过程中不断培养学生的实践能力、创新意识和创造力。本书针对学生如何提高文科学习能力进行了系统而深入的分析和探讨，并给予了切实的指导，对中小学生颇有启发意义，具有很强的系统性、实用性、实践性和指导性。

10.《理科学习有办法》

理科学习要形成良好的学习习惯和有效的学习方法。总的来说，科学的学习方法可用如下歌谣来概括。课前要预习，听课易入脑。温故才知新，歧义见分晓。自学新内容，要把重点找。问题列出来，听课有目标。听课要专心，努力排干扰。扼要做笔记，动脑多思考。课后须复习，回忆第一条。看书要深思，消化细咀嚼。本书针对学生如何提高理科学习能力进行了系统而深入的分析和探讨，并给予了切实的指导，对中小学生颇有启发意义，具有很强的系统性、实用性、实践性和指导性。

11.《组织阅读科学故事》

在我们生活的各个角落，疑问几乎无处不在，而这些疑问往往能激发学生珍贵的求知欲，它能引领学生正确的认识和了解世界，并进一步地探知世界的奥秘，是早期教育最为关键的环节。为了让学生更好地把握时代的脉搏，做知识的文人，我们特此编写了这本书，该书真正迎合了青少年的心理，内容涵盖广泛，情节生动鲜活，无形中破解学生心中的疑团，并且本书生动有趣，是青少年最佳的课外读物。

12.《培养科学幻想思维》

幻想思维是指与某种愿望相结合并且指向未来的一种想象，由于幻想在人们的创造活动中起着重要作用，在发明创造活动中应鼓励人们对事物进行各种各样的幻想。幻想思维可以使人们的思想开阔、思维奔放，因此，它在创造中的作用是显而易见的。本书针对学校如何培养学生的幻想思维进行了系统而深入的分析和探讨，并给予了切实的指导，对中小学生颇有启发意义，具有很强的系统性、实用性、实践性和指导性。

13.《培养科学兴趣爱好》

怎样让学生对科学产生兴趣？这是很多老师都想得到的答案。想学好科学，兴趣很关键。其实，生活中的许多小细节都蕴含着丰富的科学知识，大家完全可以因地制宜，为学生创造一个良好的环境，尽量给学生提供不同的机会接触各种活动。本书针对学校如何培养学生的科学兴趣爱好进行了系统而深入的分析和探讨，并给予了切实的指导，对中小学生颇有启发意义，具有很强的系统性、实用性、实践性和指导性。

14.《培养学习发明创造》

发明创造是科学技术繁荣昌盛的标志和民族进取精神的体现。有学者预言，21世纪将是一个创造的世纪，而迎接这个创造世纪的主人，正是我们那些在校学习的学生。因此，对青少年进行发明创造教育，就显得极其重要了。心理学家研究表明，青少年的好奇心正是他们探索世界，改造世界，产生创造欲望的心理基础。通过开展青少年发明创造活动，鼓励青少年去发现新问题，提出新设想，实现新目标，这是培养他们的创新精神，提高他们的创造力的最好途径。

15.《培养科学发现能力》

阿基米德在洗澡时发现了阿基米德定律，牛顿看到苹果落地，最终得出了牛顿第一运动定律。在科学史上，这样的事例还有很多，它证明科学并不神秘，真理并不遥远，只要我们能见微知著，善于发问，并不断探索，那么，当你解答了若干个问题之后，就能发现真理。本书针对学校如何培养学生的科学发现能力进行了系统而深入的分析和探讨，并给予了切实的指导，对中小学生颇有启发意义，具有很强的系统性、实用性、实践性和指导性。

16.《组织实验制作发明》

科学并不神秘，更没有什么决定科学力量的"魔法石"，科学的本质在于好奇心和造福人类的理想驱使下的探索和创新。自然喜欢保守它的奥秘，往往不直接回应我们的追问，但只要善于思考、勤于动手、大胆假设、小心求证，每个人都能像科学大师一样——用永无止境的探索创新来开创人类的文明。本书针对学校如何组织学生实验制作发明进行了系统而深入的分析和探讨，并给予了切实的指导，对中小学生颇有启发意义，具有很强的系统性、实用性、实践性和指导性。

17.《组织参观科普场馆》

本书集中介绍了全国多家专题性科普场馆。这些场馆涉及天文、地质、地震、农业、生物、造船、汽车、交通、邮政、电信、风电、环保、公安、银行、纺织服饰、中医药等多个行业和学科领域。本书再现了科普场馆的精彩场景；科普场馆的基本概况、精彩展项、地理位置、开放时间、联系方式等多板块、多角度信息，全面展示了科普场馆的风采，吸引读者走进科普场馆一探究竟。本书是一本科普读物，更是一本参观游览的实用指南。通过本书的介绍能让更多的观众走进科普场馆。

18.《组织探索科学奥秘》

作为智慧生物的人类自诞生之日起就开始了漫长的探索进程，人类的发展史就是一部探索科学、利用科学史。镭的发现，为人类探索原子世界的奥秘打开了大门。万有引力的发现，使人们对天体的运动不再感到神秘。进化论的提出，让人类知道了自身的来历……探索让人类了解生命的起源秘密，探索让人类掌握战胜自然的能力，探索让人类不断进步，探索让人类完善自己。尽管宇宙无垠、奥秘无穷，但作为地球的主宰者，却从未停下探索的步伐。因为人类明白：科学无终点，探索无穷期。

19.《组织体验科技生活》

科技总是在不断进步着，并且改变着我们的生活，让我们的生活变得更加多彩。学校科学技术普及的目的是使广大青年学生了解科学技术的发展，掌握必要的知识、技能，培养他们对科学技术的兴趣和爱好，增强他们的创新精神和实践能力，引导他们树立科学思想、科学态度，帮助他们逐步形成科学的世界观和方法论。本书针对学校如何组织学生体验科技生活进行了系统而深入的分析和探讨，并给予了切实的指导，对中小学生颇有启发意义，具有很.强的系统性、实用性、实践性和指导性。

20.《组织科技教学创新》

现在大家提倡素质教育，科学素质是素质教育的重要组成部分，学生科学素质培养的核心是培养学生的创新精神和创新能力，创新能力的培养、开发应从幼儿开始，在长期的教学、训练过程中逐步形成和发展。小学科技教学，在培养学生创新精神和创新能力中，起着举足轻重的作用。帮助学生树立新的观念，主动地、富有兴趣地学习新的科学知识，去观察、探索、实验现实生活乃至自然界的问题，在课内外展开研究性的教学活动等是行之有效的。但是，科技活动辅导任重道远，这就要求科技课教师不断探索辅导方法，不断提高辅导水平，为全面推进素质教育，实施科教兴国战略奠定坚实的人才和知识基础。

由于时间、经验的关系，本书在编写等方面，必定存在不足和错误之处，衷心希望各界读者、一线教师及教育界人士批评指正。

编者

目　录

第一章

学生提高自学能力理论指导

1. 学生自学意识的教学意义

在职业教育中，由于学生的综合素质不高，对学习没什么兴趣，仅仅依靠教师的讲授并不能很好地完成教学计划，所以培养学生的自学能力，使他们能独立学习、独立思考，才能教育出适应社会发展需要的有用人才。同时，这也是素质教育发展的重点。

本文主要探讨有关培养学生，尤其是职业教育中学生自学意识的作用和意义，并对如何培养学生学习物理这一学科的自学能力阐述一些观点和方法，以供借鉴。

社会发展迅速的今天，在教学领域，仅仅依靠教师讲授的方法来教育学生已经远远不能适应社会的前进步伐。对学生自学能力的培养已成为当今教育当中的重要内容，越来越受到教育专家和教育工作者的重视。尤其在职业教育中，培养学生的自学能力，不仅有助于学生掌握专业技能，更有助于学生综合素质的提高，使他们能在将来进入社会后，能够随社会的发展而自觉学习新知识、新技能，避免被竞争激烈的社会所淘汰。

学习能力有两个层次，首先是学会，就是基本的学习过程。学生通过教师的讲授和施教，获得知识、掌握技能。在这个过程中，学生往往处于被动接受的状态，学习的动力和效率不高。其次是会学。会学的本质不是掌握知识，而是掌握获取知识的方法，进行自我学习。所以，自学是学习能力的高级阶段。教师在学生自学的过程中，不单是传道和解惑，而应该对学生学习的内容和方法加以引导，使学生成为真正的学习主体。

在职业教育中，学生的基础比较薄弱，自主意识比较低，而且一般在初中的时候对基础学科的知识结构也没构架好，久而久之，对学习没什么特别的兴趣。所以，如果能够调动他们的学习兴趣，从而慢慢培养他们的自学能力，则是使他们学好基础学科最好的方法。

首先，提高学生的自学能力必须强化学生的自学意识，要学生有自学意识，首先要让他们认识到自学的意义和重要性，可以多举一些实际事例，以此激发他们自学的热情。比如，举世闻名的电学家、发明家爱迪生，虽然只读了三个月的小学，但他却发明了留声机、炭精送话器、白炽灯、电话机话筒、高效率发电机等对人类生活影响巨大的产品。他发现的热电子发射现象为电子工业，尤其是无线电和电视的发展奠定了基础……爱迪生能够有如此伟大的成就靠的就是自学。所以，可以指导学生，不用觉得自己进入了中专就前途暗淡而灰心气馁。即使现在的基础比较薄弱，但只要自己肯去学，还是能够学好的。

其次，要让学生的自学形成习惯，必然要给他们以充足的自学机会。机会在哪里？或者说，培养学生自学能力的主渠道在哪里？就在我们的课堂教学中。课堂教学是我们进行教育教学活动的主渠道，我们只有努力改变课堂教学模式，还学生学习的主体地位，学生的自学能力才有提高的可能。

课本是学生自学最基本的阅读素材

课本是学生学习的重要依据，也是第一手资料，是培养学生树立科学精神的重要材料。因此，培养学生的自学能力，应从强化阅读教科书入手，使他们学会抓住课文中心，能提出并设法解决问题。在物理教学中要培养学生独立思考，分析问题和解决问题的能力，就必须从指导学生阅读课文做起，"从来人们都是谈学生到学校读书，而从没有人谈学生到学校'听书'，而教师在学校则是'教书'，而不是'讲书'"。

"教"就是引导学生怎样读书，怎样思考分析问题。所以，在加强引导学生自学的同时，教师也必须转变自身的位置，使学生成为课堂的主人。

要强化学生的阅读就必须了解课本的编排特点，让学生根据课本的特点进行阅读，职业教育物理基础版的编排有如下特点。

①每章开头都有一段引文，介绍本章内容，学习的重点、难点，以及相关的一些学习建议，可以使学生迅速了解所学的内容，把握学习的侧重点和方法。

②每节中都有一些常见的物理现象，可以激发学生学习的兴趣。

③在一些节中会适当插入一些物理学家的故事，可以活跃课堂气氛，吸引学生阅读课本。

④许多节的最后有一些小问题，让学生回答或介绍一些小实验，让学生回去自己动手做，可以帮助学生加深对知识的理解，活跃思维，提高表述能力和动手能力。

⑤每章后面都安排了"阅读材料"和课外自己做的小实验，有助于扩展学生的知识面和提高学生的动手能力。

⑥每章的最后都有本章的小结内容，可以帮助学生总结全章内容。

加强学生的阅读指导

在职业教育中学生的阅读指导上要把握好"循序渐进"的原则。

①在刚开始的学习阶段中，教师在学生阅读前要以问题的方式给学生拟好阅读要点。比如，在上"噪声的危害和控制"一课时，就可以拟定如下提纲让学生阅读：

从物理学的角度来认识什么是噪声？

为什么有时乐音也是噪声？

城市噪声的主要来源有哪些？

教室里和教室周围有无噪声？如果有噪声，这些噪声是从哪里来的？

举例说明噪声对人们有哪些危害。

减弱噪声的途径有哪些？

说一说我国各级政府部门在控制噪声方面采取了哪些措施，你自己在减弱噪声上将做些什么？

通过阅读要点引导学生边阅读边思考，帮助他们有的放矢地阅读课本，了解课文的中心要点，逐步学会提出问题，并设法解决问题，从而不断地提高阅读能力。

②在每学完一个单元后，还要引导学生自觉认真地进行复习，要求他们再进行一次全面阅读。在阅读过程中指导他们通过前后联系、纵横对比，将知识系统化、条理化，形成完整的知识结构，并进一步理解概念的内涵和外延，明确公式和定律的成立条件和适用范围，使之做到理解知识，并融会贯通。

在学生的阅读能力有所提高的基础上，启发学生自己在阅读的过程中拟定阅读要点。具体建议做法是：让班上阅读能力较强的学生通过阅读先拟定出某章节的阅读要点，然后让其他同学讨论、补充，逐步完善。通过这种方式让全体学生的阅读能力得以全面提高。

要使学生的物理阅读真正落到实处必须保证自学时间。保证每节物理课使学生拥有不少于10分钟的阅读时间，且强烈要求学生每次上完课要进行复习和预习下一节内容，并要求学生每周不少于30分钟的课外阅读时间。

可适量推荐一些容易引起学生兴趣的物理课外读物，例如：介绍各个物理学家的人物传记；介绍生活中的一些有趣的物理现象；等等。

③自学内容应选择得当。教师首先应处理好教学内容中的主次轻重，精选自学内容。所以，笔者认为可以将教学内容分为三类：精讲、粗讲和不讲。

所以，在课堂上并不是面面俱到，而是抓住主要问题，即重点和难点来精讲，次要问题粗讲，有的问题则不讲，留给学生自学，使学生在不增加课外负担的情况下，增加课内的自学时间。

④举办"物理园地"，培养学生的阅读热情。为了激发学生的阅读热情，培养学生良好的自觉意识，可以在班级每隔一定的时间举办一期"物理园地"。可以在这个园地里开辟"物理学家""身边的物理""自学体验""优秀小结""物理小论文"等专栏，让学生在不知不觉中提高自学能力。

总之，培养自学能力是物理教学的战略任务之一，而提高阅读能力是培养自学能力的起点。因此，在平时的物理教学中就要充分调动学生阅读课本的积极主动性，让学生独立地感知、理解教材。

通过经常性训练，使学生逐步地掌握自我学习、研究问题和解决问题的方法，不断地提高自我获取知识的能力。

2. 学生实现真正自学的方法

笔者又重新拜读了张伟忠博士的《彻底的行动来自彻底的思想》一文，结合这几天的观看视频和与大家的交流，对新课程的要求有了进一步的认识。

特别是以学生为主体，学生"自学"，然后"自反"，最终"自得"的学习过程对笔者的教学观影响很大，就像文章题目所示，"彻底的行动来自彻底的思想"，笔者现在思想还不"彻底"，对自学环节还有一些困惑，希望能给予"解惑"。

什么才叫真正的自学

学生学会学习的重要表现是要具备较强的自学能力，而《现代汉语词典》中对自学的解释是："没有教师指导，自己独立学习。"笔者认为这里的"没有教师指导"，绝不是不要教师指导。让学生自学，绝不是放任自由地学。自学和预习不是一个概念，预习只是一个学习的过程，而自学是一种能力。

在学生没有养成自学的能力之前，教师的随意放手，是对学生的不负责任。我们决不能将自学无限制地放大，那样将损害学生的利益。自学应该包括在教学过程中，教师的主导作用依然存在，教师应该指导学生科学地、合理地、高效地自学。

吕叔湘先生也曾说："教学，教学，就是'教'学生'学'。"教师要认真研究自己的教法，还要指导学生的学法，这里也包括如何自学。

魏书生老师的《如何"自学整册教材"的方法》的确是一个不错的参考。他认为，自学前应从7个方面提出自学内容和要求：列生字表，列新词表，单元分析，习题归类，知识短文归类，书后附录和列出文学常识简表。

仔细分析一下，魏书生老师提供给学生的自学方法很明确，不仅使学生"有法可依"，内容上也突出了初中语文教学重点内容，环节上循序渐进，很值得参考。

让自学成为习惯

叶圣陶先生说："教育是什么？往简单方面说，就是培养学习习惯。"只有让自学成为习惯，这种习惯才能转变成一种能力，这种能力才是学生受用终身的。所以，教师必须对学生严格要求，按照一个科学有序的过程使学生在不断地重复中养成自学的习惯。

面向全体，突出个体

"因学论教"与"因材施教"的教学原则。"因学论教"是要教师考虑全体学生对学习的要求，"因材施教"则要照顾到少数学生的个性特长，所以在指导学生自学的时候，要结合不同学生的学习程度，适度放开，真正让学生在自学过程中各有所得，而绝不能机械地一刀切，把自学变成简单的课前预习。

让学生体验自学带来的成功感

苏联教育家苏霍姆林斯基说，学生学习的兴趣来自"对面前展示的真理感到惊奇甚至震惊。学生在学习中能够意识和感觉到自己的智慧和力量，体验到创造的欢乐，为人类的智慧和意志的伟大而感到骄傲"。

所以，自学之后必有教师的反馈，可以利用课堂提问、作业的批改等机会展示学生预习的成果，让学生认识到预习的意义和价值，教师的及时鼓励会让学生积极地投入下一次的自学中去，久而久之，就成了一种习惯，最终定型为一种能力。

学生"自学"，然后"自反"，最终"自得"，是教师努力的方向。

3. 提高学生自学能力的指导方法

《淮南子》中有云："授人以鱼，不如授人以渔。"同理，教师若只把知识灌输给学生，那仅能满足学生一时的求知需要；但如果让学生学会学习，使他们具有独立获取知识和运用知识的能力，就能使他们获得持续发展的能力，从而适应不断变化的社会。

因此，培养学生的自学能力尤为重要。自学能力，是指一个人

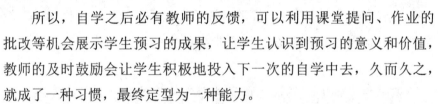

独立地获取知识、掌握技能及综合运用知识的能力，主要包括自觉的学习意识、良好的学习习惯、有效的学习方法等。

激发学生的自学意识

自学意识是自学能力的基础，要培养学生的自学能力，首先要培养学生的自学意识。

作为教师，要使学生充分认识到自学能力并不是与生俱来的，而是后天培养形成的。在校学习离不开自学，走上社会更离不开自学。

在课堂教学中，教师的讲解是指导性的，其内容具有概括性、简洁性特征，不可能包括学生在生活中遇到的所有问题，而现实生活中的问题却是具体的、复杂的、多样的，需要学生自己去分析和解决，需要学生对所学的知识融会贯通，发展创新。同时，在校学习的知识也是有限的，而我们生活的 21 世纪，知识更新的周期越来越短，人们只有不断地学习新的知识，调整知识结构，才能生存和发展，才能立足于社会。

加强学生自学方法的指导

（1）培养良好的自学习惯

培养学生良好的自学习惯，尤其是独立阅读、思考和解决实际问题的习惯。具体方法是：引导学生课前预习，督促学生课后复习，强化学生课外练习。

学生通过预习、听课、复习几个环节，已经基本掌握了所学知识，接下来就是如何在实践中熟练运用了。课外练习，既训练了学生多方面的能力，也收到了多方面的效果，可谓一举多得。

（2）培养使用工具书的能力

工具书是不会说话的教师，任何学习的过程，都离不开工具书的使用，它可以解决我们在学习中遇到的大部分疑难问题。在教学过程中，教师要随时注意介绍各种工具书的作用和使用方法，引导、培养学生使用工具书的习惯，直至其熟练掌握各种工具书的使用方法，提高自学的效率和质量。

（3）培养有效阅读的能力

阅读是人类特有的一种智力活动，是学生获取知识的主渠道。在教学中，教师要使学生逐步掌握正确、科学、有效的阅读方法，熟练运用精读、略读、速读等方法，提高阅读的效率和质量。

学生自学能力的培养与发展

培养学生的自学能力就是交给学生独立打开知识宝库的金钥匙。教师不仅要传授给学生知识，更重要的是培养他们自我获取知识的能力。培养与发展学生学习与自学能力的途径有很多，可以从以下几个方面去进行：注意观察，加强指导；组织安排好课堂教学与课余学习，留给学生充分的自学和独立思考空间；循序渐进地加大自学比重。

总而言之，在大力提倡素质教育的今天，着重培养学生的自学能力，"授之以渔"是当前教学改革的重要任务。自学能力是学生在未来社会成才的需要，未来的社会呼唤学生成为创新型人才。

因此，我们深信，只要我们遵循教育规律，努力探求，就会逐渐靠近叶圣陶先生所倡导的"凡为教，目的在于达到不需要教"的境界。

4. 促进学生自学能力提高的技巧

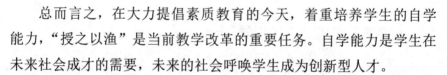

自学方法的形成需要一个比较长的过程，在这个过程中，学生从不会自学到初步瞳得并掌握了一些自学的方法。如果学生在自学方

法形成的过程中，不能够表达自己、展示自己，那么学生自学方法的正误、有效性就无法得知，教师也就无法进行针对性的指导。所以，要鼓励学生大胆尝试，要勇于进行自学，勇于表达自己的自学所得。

引导多学多练

阅读法、比较法、检索法，这些自学方法的形成都离不开学生的阅读与思考。因此，上体育课时，教师在要求学生阅读体育教材的基础上，还可以推荐一些适宜学生阅读的体育运动常识和体育保健知识等方面的著作和文章。

教师可以告诉学生一些能够学习体育文化的体育专业网站，使学生通过检索、浏览与阅读，获得更多的体育理论和卫生保健知识，从而扩大学生的体育知识领域，提高学生的体育文化素养。教师在引导学生自主阅读的同时，还应该提醒学生边读边实践，那样效果更佳。在这样的引导中，学生才能逐渐养成自学的习惯。

指导细致观察

俗话说："内行看门道，外行看热闹。"教师在教学中要有意识地指导学生细致观察，要指导学生在观察中启动思维，联系已有的知识技能，判断现有的动作技术。同时，要指导学生运用正确的观察方法。比如在技术动作教学中，引导学生按动作演示的顺序观察，从细微处观察，注意观察动作的转承，特别留意动作的起始与结束。还要强调充分发挥视觉、听觉、触觉的功能，让学生逐渐掌握自学的方法，善于自学。

学会与人交流

自学需要将自己的观点与学习所得和他人交流，这样才能从他人的评价与指导中得到一些启发。所以，要帮助学生形成敢于表达自己观点，学会与人交流的自学品质。

只有敢于表达，才能够融入群体中，才能够逐渐学会与人合作、协调、交流，才能够在表达、倾听、调整中逐渐形成正确的自学方法。

正确科学比较

自学方法的形成离不开对自己学习行为的思辨，虽然对于小学生而言，拥有思辨能力是最浅层次的。科学、合理的比较学习，就是学生在对照他人的学习与技能后，反思自己的学习，然后进行主动调整的一个思辨过程。

在教学中，教师要引导学生在细致观察的基础上，进行科学的比较，不仅要对比动作学习的结果，还要对比动作学习的整个过程。

给予展示机会

在学生自学方法形成的过程中，教师一定要给予学生展示自学成果的机会。在展示的过程中，除了那些故意"惹是生非"的学生，教师都应该给予适度的表扬与激励，鼓励其在自学过程中表现出来的细致观察能力、分析对比能力，这样的评价不仅能帮助学生树立自信心，还能够给予其他学生一个导向。

教师在教学过程中注意帮助、指导和激励学生，才能够促进学生自学方法的形成，为学生终身能力的发展打下坚实的基础。

5. 开放式教学中培养自学能力的方法

人不仅能认识世界，也能能动地改造世界。在开放式教育教学中，培养学生自主学习意识和自主学习能力有着积极的意义。

终身学习是当今社会发展的必然趋势，要以远程教育网络为依托，形成覆盖全国城乡的开放教育系统，为各类社会成员提供多层次、多样化的教育服务。实施开放教育的一个重要环节在于如何实现自主学习，即如何实施远程开放教育的开放学习模式。

远程开放学习模式是指学生在远程高等学校和教师指导下，根据人才培养模式改革制订教学计划，利用学校提供的多媒体学习资源进行自主学习。

以"学生为中心"的远程开放教育的主体理念给传统的以"教师为中心"的"经院式"教育理念带来了巨大的挑战和冲击。在21世纪的今天，人们接受了开放学习这一体现以"学"为主、以"教"为辅的先进教育理念。

但是，在传统教育意义下的"学"和"教"与开放教育意义下的"学"和"教"的认识与施教方法上，却尚未形成统一的、完整的、科学的理论体系与实践经验。围绕自主学习的探讨与研究正如火如荼地展开着。本文旨在开放教育教学中学生自主学习意识和能力的培养上做粗浅的探讨。

学生自主学习意识的培养

心理学认为，由于人具有意识，因而人不仅能够认识事物、评价事物、认识自身、评价自身，而且能够实现对环境和自身的能动的改造。人的意识是人的行动的指南，即如何使学生树立正确的自主学习的意识是实现开放教育这一世纪工程的关键。

（1）"要我学"与"我要学"两种不同心理

传统教育中，当学生手执通知书、背着行囊、带着亲人的嘱托来到学校，又按课程表的安排进到教室，不论"情愿""不情愿"，不管"有兴趣"还是"没兴趣"，都得听讲台上教师滔滔不绝的说教，完全被动式的教育方式使学生无奈地强迫自己集中注意力，强打精神去记住教师的每一句话。学生会有这样的感觉：我是被动学习者。

开放教育采取新的教学模式，在由我们制作的多学科、多形式的教学网络中，学生可以自主选择专业、学习时间、学习方法，会在网上留下自己的疑难问题，会留下自己的答案，同时也会得到我们提供的参考答案，以及其他学生提出的看法，等等。总之，学生会感觉到：我是自主学习者。

前者的意识是：学校和教师领着我"走"，教我怎样学习，是"要我学"。后者的意识是：我去寻找学校和教师，学我所要学的知识，是"我要学"。两种意识导致两种截然不同的结果。"要我学"是封闭的、被动的、短暂的、局限的，而"我要学"则是开放的、主动的、终生的、无限的。显然，后者作为开放教育教学，对学生自主学习意识的培养有着积极的意义，是教育发展的必然趋势。

（2）应试教育与开放教育下的学习意识比较

不同的学习方式会导致不同的学习结果，这是毋庸置疑的。因此，设计出适合学生学习任务的标准，是培养学生学习意识的一个重要环节。传统教育下考试分数就是成绩，就是衡量学习结果的标准，也是学生能力的标志。开放教育下的考试则是综合评价，是"形成性考核＋实验＋笔试"。前者给学生这样一个意识：考试分数高的学生就是能力强的学生。而后者给学生的却是相反的意识：能力强的学生才是考试分数高的学生。

教育的最终目的是使学生获得应有的知识和能力，而不是一个分数。因此，开放教育教学中学生自主学习的最终目标应是提高综合能力，并树立终身学习的意识。

（3）终身学习意识是社会大环境发展的需要

21 世纪是人才竞争的时代，是优胜劣汰的时代。随着社会大环境的不断深化发展，知识的加速更新，任何人在任何时候都要和着时代的脉搏，与时俱进。

社会犹如一个大筛网，不断地有沙子从筛网中漏出，而筛网中也不断地出现新的金砂。我们的开放教育正是不断地往筛网里加金砂的金矿区，即终身学习的基地。

学生自主学习能力的培养

开放教育教学中学生自主学习意识的培养是前提条件，开放教育教学中学生自主学习能力的培养才是最终目的。要实现这一能力的培养，必须具备以下两个条件：良好的学习支持服务系统和适应性较强的学习方式及高素质的教辅队伍；科学、系统的考评方式。只有将这两个条件与学生的学习过程有机地结合，协调发展，方能达到提高学生自主学习能力的目的。

（1）服务系统与自主学习能力的培养

开放教育的最大特点是学生自主学习，是以学生为中心的教育。采用现代信息技术和教育技术手段为学生学习提供多种媒体、课程资源和多种形式的教学组织活动，为学生提供多种学习支持服务。

学生利用学校提供的文字教材、音像教材、CAI 课件等教学媒体、教学资源进行自主学习。教师通过面授辅导、函授辅导、网络教学、网上辅导答疑、IP、电话、直播课堂等教学手段提供学习支持服务。

当学生确定学习目标后，为实现这一目标必须选择一种适宜的学习方式，以达到事半功倍之效。此时，我们的支持服务系统将大显身手，它们不断地出现在学生的学习过程中，如中央电大开放教育网提供的网上导学、VBI 信息、课程教学体系、测验，还有卫星频道传输的电视教学、直播课堂节目、教学录像带、录音带，等等。

支持服务系统的优点是：运作程序简单、实用性强、信息量大、学习效果佳。文字教材提供学习目标、学习重点、学习建议，有解释、指导、启发、补充等说明性文字。面授辅导提供现场答疑、相互沟通、深入探讨、学习意见和建议的及时反馈等。

我们的支持服务系统能为各类学生学习的各环节提供多层次的需求。应循序渐进，由低层次向高层次发展，犹如扭螺丝要用扳手一样自然地开始，直至高科技要用电脑一样不断发展、提高，使学生逐步养成使用学习工具的良好习惯。

综上所述，开放教育教学就是学校只列出各学科的学习目标，而不限制学生达到这一学习目标的手段、方式、方法、时间等。这一学习过程完全由学生自主设计、自主实施，从而逐步达到培养其自主学习能力的目的。

（2）考评方式与自主学习能力的培养

自主学习的结果，即学生学习成果的评定，将直接影响到学生学习的自信心。准确完整的考评方式在开放教学中起到举足轻重的作用。同时，确定科学的、系统的考评方式对学生的自觉学习，以及确定学习的目的、内容、学习方式等有着积极的意义，并直接影响到学生自主学习的自觉能力的培养。

为此，在开放教育考评中应全方位地体现出自主学习过程、方法、结果等。应包含以下几个方面：学科学期目标；使用的支持服务系统；计划方案；难点问题；参考书；考评。

在学生自主学习记录表中，统一列出各学科学期目标。但是，没有列出具体的学习计划、学习过程、学习方式、学习方法、学习时间甚至参考用书等要求。

在整个自主学习过程中，学生可以直接将自己的学习信息反馈到网络上的个人记录表中，可以选择最佳的支持服务系统、最佳的学习计划、最合适的参考用书、最适时的疑难解答、最佳的学习时间。

此时，辅导教师可以直接在网络上获取各类教学信息，并及时解答疑难问题，反馈各种意见和建议，及时调整支持服务系统，获取最佳教学方案，归纳、整理后，再反馈同教学网上，以便相互交流教学信息，使学生的自主学习达到最佳的效果。

最后，教师根据学生自主学习记录表中的各类信息，综合评定出学生的学习成绩；这里有学生实现教学目标全过程的成绩，也有学生学习全过程的能力的表现。这才是真正意义上的学习成绩。

对开放学习过程中学生自主学习成绩的综合评定，既培养了学生自主学习的能力，也实现了开放教育教学的最终目的。因此，科学的、系统的考评方式对学生自主学习能力的培养有着积极的意义。

（3）"三读法"与自主学习能力的培养

"三读法"是指学生在教师的指导下采用快读、跳读、研读三种方式阅读教材，掌握教材的中心、重点、难点、要点及其关系、思路等内容的阅读方法。

"快读"就是快速阅读，其目的是读出该课所学内容的中心、重点，也就是教材集中阐述的是什么问题。只有通过快读这一步，解决了这个问题，后面的阅读才能围绕它顺利地展开、拓展和深化。

教师在学生快读明确中心之后，要求学生跳跃式阅读，看教材围绕中心有几个要点，几个要点之间是何关系，教材是按照怎样的思路展开的。通过跳读，学生既可以把握要点及其关系，又能进一步深化对中心的理解，还能了解教材编写的思路。

"研读"就是仔细地阅读在前两次阅读中已经感受到的疑难问题，目的是把握疑难问题。通过研读，要求学生指出疑难问题和初步指出教材是如何解决疑难问题的。这一步阅读既有利于培养学生深入阅读、发现疑难问题、解决疑难问题的能力，又有利于后面教师的针对性教学。

"三读"之间既有区别又有联系。"三读"之间的联系主要体现在三者是层层深入的。学生通过"三读"使自己对教材知识的认识和理解逐渐深化，从而初步达到较为系统地识记、理解和应用知识，提高自学能力和思想政治觉悟的目的。

学生"三读"，教师必须给以指导，学生"三读"是为了培养自学能力和达到教学目标，为此，采用"三读法"进行教学必须在教师的指导下进行，不能放任自流。

教师对"三读"的指导，一般来讲，至少应包括阅读提纲指导和复读指导两个环节。阅读提纲指导是学生阅读教材时，教师给学生一个阅读提纲。该提纲包括阅读目标和要求，要使学生在阅读时有明确的指向，知道自己通过阅读要解决什么问题。只有这样，才能保证教学目标的实现。复读指导是指学生每完成一项阅读，并明确该次阅读所要解决的问题之后，要求学生对师生共同订正后的正确内容进行再阅读。这样既可以强化阅读目标、要求，又可以加深对该问题的记忆和理解。

"三读法"可以培养学生的自学能力，可以使学生明确教材的中心、重点、难点、要点及其关系、思路，可以为教师的精讲、有针对性的教学提供依据，教师可以根据学生的阅读情况决定讲和练的程度。

需要指出的是，采用"三读法"进行课堂教学，确实要占用较多的课堂时间(大约20分钟)，这与传统的教学方式不太相符。这就要求，不仅教师要转变学生课堂自学不是课堂教学方法的观念，而且学生也要转变自学不是上课的认识。只有实现这两种思想认识的转变，"三读法"才能顺利实施，才能取得实效。

6.语文教学中培养学生自学能力的方法

自学能力，指的是学习者在已有知识技能的基础上，一般不依赖他人而能够运用一定的学习方法，独立地获取知识的一种学习能力。国内外的教育家都赞同这样一句格言："学习就是学习如何学习。"我国的教育家叶圣陶先生也说过："教是为了不教。"

这些名言的精髓，就是如何培养学生自学。就学校教育来说，学生是学习的主体，教师只是因为学生的需要而存在。在学生的一生中，教师的"教"是十分重要的，也是非常短暂的，而自学能力却是长久用得着的。

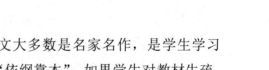

将来学生离开学校，走向社会，主要还是靠自学去获取知识，增长才干，解决实际问题。所以，教师把学习的主动权交给学生，教给学生学习的方法，显得尤为重要。那么，就语文而言，如何培养学生自学，提高他们的自学能力呢？

依纲靠本，感知教材

（1）应让学生学会感知教材

因为选入中学语文教材的课文大多数是名家名作，是学生学习语文的典范例文。我们历来提倡"依纲靠本"。如果学生对教材生疏，教师在课堂上的"启发"教育便很难实施。

学生只有在熟悉教材的基础上，当教师提出问题时，学生才能争相举手，回答问题；教师在学生回答问题时发现存在的问题，才能给予更正，给出答案，达到解决问题的目的。

（2）预习题是引导学生自学的好方法

比如，在教第八册《我的母亲》一文时，针对这篇传记篇幅较长、课后的"研讨与练习"较多、设置的练习题也较艰深的特点，可以在课前设置另外的预习题进行指导。

在出预习题时，教师要考虑以下两点：不要和课文后边的"研讨与练习"题重复，但可以类似；要有新知识内涵，让学生的知识有"飞跃"的余地，利于提高能力。

（3）要有前瞻性

"读"是为了"写"，"写"才是知识的巩固和创造。"写"要切合中学生的写作水平。

（4）把"写"作为引起学生求知欲的动力

通过"写"去带动"读"，使"读"和"写"成为良性循环，最终达到提高学生自学能力的目的。

点拨辅导，激发兴趣

教师在布置预习作业后，要加强辅导和点拨。学生在预习或做自学作业时或许还会提出这样或那样的问题，不论提的问题是否切合实际，回答问题是否中肯，教师都应给予鼓励，让学生直接感受到学习的乐趣。

经过一段时间的培养，学生就会逐渐养成积极提问，努力完成预习作业的良好习惯。例如"求知欲"问题，班与班之间、班内同学之间，往往都存在积极与消极、主动和被动、强和弱等差别。这是正常的现象，教师可以不必计较，侧重从正面加以鼓励。

比较阅读，拓展思维

要让学生学会比较，学生对同类课文有了较多接触之后，教师必须引导学生学会比较阅读。让学生在比较阅读中获得启发，养成多角度观察事物、分析问题的习惯，提高想象力、联想力和发散思维的能力。这不仅有助于深刻理解必读课文，而且有助于全面掌握"单元要求"。对激发探索兴趣，提高发现问题和解决问题的能力都会大有好处。比较的方法很多，角度很多，要结合现有教材进行比较阅读。通过求同求异比较，归纳出规律性的知识，对今后作文构思能起到联想课例、举一反三的作用。

"互改"促进，自学提高

"互改"指的是学生的作业或作文大部分是指导学生自改、互改。"改"的过程，也是学习交流提高的过程，是让学生"动"起来的好办法。

建立读书笔记，规律整理

正如"春种夏长，秋收冬藏"的道理一样，学生通过自学耕耘，掌握了一些知识之后，还要指导学生做好"冬藏"：建立读书笔记。当然，读书笔记并不单纯是记些名人名句、谚语成语、精美片段之类，而是要把学过的知识进行分类整理、补充完整、解词释义，让各种知识变得条理清楚、有规律性，方便今后记忆和使用。

比如，"古文翻译六字法"，即留、补、变、换、调、删，并分别为"六字法"补上说明性的例句。这样学生在翻译文言文时，便可以把"六字法"当作翻译的工具，轻而易举地把学过的或未学的文言文翻译出来。于是，有的学生把"六字法"制成书签，有的进行列表整理，使之一目了然。这不但提高了学生自学的能力，而且改变了学生怕读文言文的心态。

至于"对联常识""背诵诗词的方法""文言虚词、实词分类表""辨识错别字""名句摘抄"等知识点，我们都指导学生进行分类整理，使学生每人都有一本自制的精美的自学笔记，也是一本自学工具书。有的学生把它称为知识的"仓库"。

最后，值得说明的是，也许有人担心布置学生预习、对比阅读、互改作文、整理笔记等会加重学生负担，或者认为有违我们提高学生自学能力的初衷，但事实上，在认真备好教好"精读课文"的前提下，巧妙地引导学生多读略读其他课文的好办法，是一种巩同知识、扩大知识的"第二课堂"活动。

在这样的氛围中，学生是在一种轻松、愉悦、自觉的心态下开展学习的。所以，培养学生掌握自学本领，不但不会加重学生的负担，而且会因为有了自学本领而长久地甚至是永远地减轻学生的负担。

7.阅读教学中培养学生自学能力的方法

自学能力是学生在已有的知识基础上，运用正确的学习方法，独立地进行学习的一种能力。要重视培养学生的自学能力，引导学生积极参加听、说、读、写的实践，重视在实践中学习语言、理解语言、运用语言；要教给学生一些学习方法，鼓励他们采用适合自己的方法，主动地进行学习，逐步培养学生的自学习惯。为了开发学生的智力，充分调动其学习的积极性，发挥其在学习中的主体作用，提高学生的整体素质，我们必须在阅读教学的过程中，重视培养学生的自学能力。

激发学生的兴趣

兴趣是人乐于接触、认识某事物，并力求参与相应活动的一种积极意识倾向。它能推动学生去寻求知识，开阔眼界，激励学生用心去钻研、学习，提高学习质量。对学习感兴趣的学生，学习会更加主动、积极，产生愉快紧张的情绪和主动的意志努力状态，从而提高自己学习活动的效率和效果。为此，在教学过程中，教师可采用下列办法来激发学生自学的兴趣。

（1）以疑激趣

学生在学习过程中遇到疑问时，教师要因势利导，激起他们自学的欲望和兴趣，在指导学生自学课文时，要求学生一边读一边想，尤其在"想"字上下功夫，学会设疑、释疑。

比如，教师在教《一分试验田》一文时，可以让学生根据题目来设疑：谁种一分试验田？为什么要种一分试验田？一分试验田有多大？怎样种？种的结果怎样？抓住主要的问题来设问，然后让学生带着问题读课文，这样学生的学习情绪极佳，很快便弄清课文的大概意思，并把握整篇文章的脉络。

在教《飞夺泸定桥》一文时，教师要引导学生注意敌人说的"飞过来吧"的"飞"和题目中的"飞"，使学生对两个"飞"字的含义产生疑问，经过查字典，联系具体的语言环境，反复阅读课文、议论，最终弄明白两个"飞"字的意思是截然不同的。但更重要的是激发起学生自学、钻研的兴趣，使他们懂得在阅读课文时，要善于捕捉突出中心的关键字眼，并反复推敲，这样才能更好地理解课文的内容。

（2）以境引趣

教师要带领学生进入课文所讲的情境中，引起他们自学的兴趣。对《梅雨潭》《桂林山水》《可爱的草塘》等文章，在教学时，教师应充分利用挂图、幻灯片，再现书中所写的情境，播放配乐和课文录音，视听结合。让学生从具体、鲜明的画面和生动、形象的语言描述中产生如见其人、如闻其声、如临其境的感觉。

（3）以读生趣

让学生反复朗读课文，以读激情，使他们产生浓厚的兴趣去自学课文。

比如，教《再见了，亲人》一文时，教师应采用"以读激情，语音传情，以情读文"的"知情合一"的教学方法，并配合采用"导语拨动情思""范读诱发情思""多读激发情思"等方法，激发学生强烈

23

的阅读兴趣和情感，使他们带着最佳的自学心境，进行品词品句，理解课文内容，收到了良好的学习效果。

树立自学的信心

要真正使学生成为学习的主人，就必须想方设法让学生摆脱"你讲我听"的思想束缚，在堂上安排充足的时间让学生自学。要求学生查字典，解决字、词、句、篇等问题，阅读相关的课外书，补充一些必要的知识。

同时，还让他们自己去分析课文、理解课文，提出问题，再从反复的读书中回答自己提出的问题，让学生主动地、自觉地看书，积极动脑思考，在课堂上，对那些可讲可不讲而学生通过自学不能解决的问题，教师要适当加以引导，让其通过自学解决。

要让每个学生都有均等的学习机会，人人动手、动口、动目、动脑。要创造条件，让不同程度学生均有成功的可能。对在学习上取得成功的学生，及时加以肯定、表扬，让他们把成功的喜悦变成自学的动力，牢固地确立起自学的信心。

教给自学的方法

为了提高学生的自学能力，教师必须在阅读教学中适时地把"钥匙"——自学的方法交给学生，让学生自己手执"钥匙"，去打开语文的知识大门，读懂各类文章。

比如，《少年闰土》一文的教学，教师应设计多种练习，让学生边读边想边做，通过外貌看特点，理解语言知特点，分析动作抓特点，体会心理明特点，对比之中想特点，最后归纳出：闰土是个知识丰富、聪明能干、勇敢机智的农村少年。

在此基础上及时引导学生归纳读写人文章时，抓住"人物特点"的方法：通过人物的外貌、语言、动作，来抓住人物的特点。

对《飞夺泸定桥》一文的教学，则让学生围绕"怎样飞""怎样夺"这两个重点去读课文，了解事情的经过，读懂课文。凭借这课的教学，让学生明确：读写事的文章时，应抓住"事情的经过"这一重点去品词品句，精读有关片段，弄懂课文。

有的课文各段内容的写作方法相似，就精讲一段，启发学生用学到的方法去自学其他各段，这样做，有利于培养学生的自学能力。

比如，对《蛇与庄稼》一文的教学，教师先精讲第一段，让学生了解蛇与庄稼的关系，接着让学生运用分析"蛇与庄稼"的关系的方法自学第二段，教师适当加以点拨，让学生弄清楚猫与苜蓿之间的复杂关系，最后放手让学生用同样的方法，独立自学第三段，弄明白随地吐痰与人生病的复杂关系。

在此基础上，引导学生结合课外阅读得到的知识，举了不少例子。可见，学生对某些事物相互联系的规律已初步掌握，但更重要的是，通过这样指导学生读书，他们的自学能力又有了提高。

除教会学生对不同的课文采用不同的学习方法外，还教会学生通过对重点词或重点段落的理解来理解文章内容，教会学生给文章分段，概括段意，归纳主要内容和中心思想等。

方法是能力核心因素，要把学习方法转化为学习能力，就需要引导学生反复实践，所以笔者常常选择不同类型的短文，让学生运用所学到的方法去自学，读懂短文，在班里还积极开展课外阅读，定期交流学习经验，使同学间能互相学习，通过长期反复实践，使学生逐步形成较强的自学能力。

培养自学的习惯

教师要按照各个年级的教学要求，逐步培养学生的自学习惯。要着重培养学生认真读书、认真思考的习惯，预习和复习的习惯，独立完成作业和检查作业的习惯，看书报和听广播的习惯，勤动笔的习惯。因此，教师应跟学生讲培养良好的自学习惯的好处，让他们明确要培养哪些好的自学习惯，把培养学生的自学习惯纳入每节课的教学目标中，并贯穿于平时听、说、读、写训练中，对学生进行严格训练，细心培养并持之以恒，直到学生养成好的自学习惯。

比如，为了培养学生认真读书、认真思考的习惯，要求学生读书时做到：眼到、手到、口到、心到。其中，"心到"是指集中注意力，边读边想。"手到"则要求学生勤查工具书，边读书边圈圈点点，写写画画，做摘抄或做笔记等。

在教学过程中，教师应着力指导学生去认真读书，边读边想。教《我的战友邱少云》一文时，突出抓好描写"我"的内心及邱少云的外表这两个重点片段的教学。在学习"我"的内心这一片段时，让学生边读边思考：敌人采用"火力警戒"后，"我"闻到什么？看见什么？"我"想了些什么？为什么会这样想？

学生通过看图，朗读课文，理解重点词句，议论、回答问题，深入到课文中，与作者想在一起，逐步体会到"我"当时的内心的焦急、矛盾、难受、痛苦。从"我"的这一系列的内心活动中了解到邱少云的处境的危险。然后，让学生细读课文后回答：在这生死关头，只有 26 岁的年轻的邱少云的表现怎样？为什么他能这样呢？让学生各抒己见，从邱少云的外表去了解其内心活动：他当时想的只是战友，战斗的全局，为了战斗的胜利，他宁可牺牲自己。

通过教学，邱少云的光辉形象在学生中深深扎下了根，不仅使学生受到教育，受到感染，而且使学生学到了读写人记事的文章的一个十分重要的读书方法：一边读，一边想，通过人物的外表体会人物的内心活动。

任何习惯的形成，都必须经过持久的强化训练。所以，笔者坚持引导学生在语文园地里反复实践，使学生逐步做到习惯成自然。此外，还经常表扬有良好自学习惯的同学，让他们介绍自己的做法，使同学的"学"有榜样，"赶"有对象，从而促进学生良好自学习惯的形成。

8. 数学教学中培养学生自学能力的方法

为了适应现代社会发展的需要，教育学生学会做人，以具备现代社会的适应能力、生存能力、竞争能力为前提，首先就要培养学生的自学能力来迎接新的挑战。

自学能力是运用多种途径来获取知识的能力，是多种能力的综合，学生有了这种能力，不仅可以使自己在今后的学习中不断地获得各种知识，而且可以使自己在今后的工作实践中不断丰富知识。因此，我们必须十分重视对学生自学能力的培养，在课堂教学中，怎样培养学生学习数学的自学能力呢？

编拟提纲

在上课前，教师针对教学内容的要求、重点、难点和关键，结合学生实际，精心设计一组连续性的、富于启发性的思考题。上课时，让学生在这组思考题的指导下去读书、读例题，在读书的过程中，充分动脑思考、分析，引导学生找出正确的方法或答案。这样，不仅能督促学生去读书，而且能使学生逐步地掌握读书自学的方法。

以练代讲

对于某些知识的教学法，可以采取以练代讲的方法，督促学生读书自学。教师在教授,"一位数除多位数的除法"前,考虑到这节课是以一位数除以一位数的除法作为基础的,学习"一位数除二位数"除法时,学生已经懂得"要从被除数的最高位除起,除到被除数的哪一位,商就写在哪一位的上面;如果被哪一位除后面有余数,就把余数与被除数的下一位数合起继续除"的道理,一位数除以多位数除法就可以以此类推。

以议代讲

让学生逐步养成爱动脑思考和善于思考的习惯,提高学生学习数学的自学能力。要使学生逐步形成自学能力,不仅要让学生养成自学的习惯,掌握自学的方法,而且还必须使学生养成思考和善于思考的习惯,具备正确的思考方法和一定的思维能力。

在教学中,有新的知识,可采用"以议代讲"的方法,督促学生进行思维,由于教师没有讲解而让学生议论。因而每一个学生不仅能积极地、自觉地去读书、找答案,而且都想说出自己的答案,也想听一听其他同学对这些问题的意见。

当别人的答案与自己的答案不符合时,必须要认真地思考一下,是自己的对,还是别人的对。如果不对,错在哪里,为什么,反复议论。不对的答案被淘汰了,不完整的答案大家补充完整了,原来懂得的同学,通过反复思考,更加理解,原来不理解的同学,也受到启发,逐步懂得了。

这个不断议论、不断使答案完整的过程,就是学生不断思考的过程,就是学生不断获取新知识的过程。这样,有助于学生养成爱动脑和善于思考的习惯,能有效地提高学生自学数学的能力。

9. 英语教学中培养学生自学能力的方法

学生的自学能力是在学习知识的过程中逐渐培养而成的，学生具备了自学能力，就可以借助工具书和参阅有关资料去独立获取知识、研究问题，不会的可以自己去探索，会的可以进一步发展。

这不仅有利于学好英语这门学科，同时也有利于学好其他各科知识。由此可见，培养学生的自学能力是非常重要的。这就要求我们在英语教学中把培养学生的自学能力放在重要位置。

从口语入手，培养学生的自学能力

语音、语调是朗读的基础，为了使学生形成良好的朗读习惯，平时要求学生多看电视、多听收音机的英语节目，学生通过这些节目，模仿英、美纯正的发音、语调，既练习语音、语调，同时又练习了听力。

我们经常听到有些学生在朗读课文时，一词一顿或几词一顿，读错的地方很多，如发音不到位，加音、吞音，有时为了换气，在不该停顿的意群内停顿。

这样，即使读完一个段落，听者仍不知所云。造成这些现象的根本原因是学生缺乏朗读的基本知识，缺乏正确的朗读训练。因此，开展朗读活动，加强朗读训练，可使学生正确掌握句子重音、意群划分和基本语调。

在预习中培养学生的自学能力

课前预习是学生新知识的准备，在学习中起着重要作用，教师应指导学生怎样进行课前预习，预习中应做些什么。

第一，学生根据自己所掌握的知识，浏览要学习的课文内容，对课文中不会的词汇、句子采取根据上下文猜测的方式进行学习，或查找工具书、参考书的方法学习。具体来说，在第一遍阅读时，还看不懂的知识，可以通过查字典或查看参考书来解决，查阅参考书时，要将有关背景知识、文章体裁、中心意思等方面的情况弄清楚。

第二，学生准备好在课堂上发表自己的观点和回答教师问题，在不会的地方要做记号，以便在课堂上听讲或请教老师求得知识。带着问题听课效果会更佳，做好课前预习，有利于学生的课堂参与积极性的发挥，也是学生自学能力培养的一个重要方面。

在阅读中培养学生的自学能力

学生经过课前预习，基本了解了要学习的内容，这样减少了课堂阅读的困难，就能够在课堂教学中充分利用时间，发挥学生的主动性、积极性、参与性和创造性。

在阅读训练中，鼓励学生自学，在自学中启发他们独立思考问题、分析问题和解决问题的能力，发展学生智力和创造性思维等。对于学生来说，课堂阅读重点应加强理解性阅读和评价性阅读的训练。

理解性阅读要求学生精读、细读，对文章做深入细致分析，尽可能多地了解内容和作者意图。评价性阅读要求学生对所读材料做出鉴定和判断，同意、赞赏、不同意、贬低还是延缓表态。评价性阅读有利于培养学生创造性思维。

教师可通过设置有关教材内容的问题，让学生判断正误来加深对文章的分析理解能力。还可以提出有争论性的问题组织学生展开讨论，并发表自己的观点和看法。

指导学生读一些短小精悍的幽默小故事等，并进行默读技能指导，读书笔记指导等。通过课外阅读，大大促进了英语课堂教学，课堂中学生的学习也由被动变为主动。

总之，自学能力的培养绝非一朝一夕之功。关键在于教师思想重视，坚持不懈，一步一个脚印坚持工作，从实际出发，反复训练，这样，学生的自学能力就得到了很好的培养。

10. 政治教学中培养学生自学能力的方法

自学是发展智力的必由之路，自学能力是人才成长的必要基础。但在教学实践中有相当一部分同学存在着不会看书阅读，自学能力薄弱，影响教学效益的提高和学生自身的发展。

时代的发展，对思想政治教育提出了新的要求，教师不仅要教学生学会，更重要的是教学生会学。学生只有具备了自学能力，才能主动涉猎，自行解决问题，才能适应社会发展的需要。那么如何在政治教学中培养学生的自学能力呢？

转变观念

任何一项教育行为都取决于一定的教育思想和观念，当教育思想和观念没有实现真正转变时，教师的行为还是沿袭旧的方式和做法。思想政治教材所阐述的是一些政治理论的基础知识，相对于中学其他学科的教材内容而言比较抽象，不易被学生直观把握。

对于抽象的理论，严密的逻辑，学生限于知识水平和社会经验的不足，理解起来很困难。政治教学不知不觉就变成了教师的"独角戏"，学生很难参与进来，更谈不上"进入角色"，发生共鸣了。久而久之，学生则由反感发展到厌学。要改变这种状况，必须转变教学观念。

我们一定要清醒地认识到，学生今天的学习是为了能解决明天的问题。因此，必须树立"以学生发展为本"的教育思想，明确学生的大脑"不是一个需要充满知识的容器，而是一个需要点燃的火把"。

把学习的主动权还给学生，调动学生的学习积极性，培养学生的自学能力。

善于确定学习目标

一个会学习的人，往往是善于确定学习目标的人。学习目标对人们的学习活动具有激励、导向调控的作用。有了明确的学习目标，就会变"要我学"为"我要学"，激励人们努力学习。

有了正确的学习目标之后，学生才会紧紧围绕学习目标展开自己的学习活动，准确了解学习效果与不足，及时调节学习过程，使自己的学习按照规定的目标前进。

因此，政治教师要动员学生确定学科学期目标，引导学生大目标结合小计划，周打算结合日进程，让学生明确每一节课应掌握哪些基本知识、技能，重点难点在哪里。

同时，政治教师要挖掘思想政治课内涵，结合祖国日新月异的变化，激发学生的社会责任感。使各种类型的学生能按照自己确定的目标一步一个脚印，踏踏实实地不断追求。

掌握自学方法

学生自学的目的不仅是掌握一定量的知识，而且要培养自学能力。自学的两个重要环节是读书和思考，阅读能力是自学能力的核心。阅读有预习阅读、课中阅读、复习阅读和课外阅读等形式，不论哪种形式的阅读，教师都必须在方法上给予正确指导，才能收到良好的自学效果。

（1）预习阅读来依标自学

预习阅读是指在教师上课前，自己先阅读新课内容。有些学生由于没有预习习惯，对一堂课要学的内容一无所知，坐等教师来上课。有些学生虽能预习，但看起书来走马观花，不动脑、不分析。这种预习一点儿也达不到效果。

课堂教学是培养学生具有政治自学能力的主渠道。课中阅读则是教师随着教学进程，提出问题让学生阅读一个或几个重点相关段落。为了提高课堂教学的质量，教师备课时要精心设计教学过程，留出学生自学时间，设计好学生自学时必须注意的问题；上课时要保证学生的自学时间，并指导自学的方法。

（2）"学源于思，思源于疑"

有疑才能激发学生认识上的冲突，造成强烈的求知欲望，点燃思维的火花。为了培养学生自学能力和自学习惯，教师还要尽可能地帮助学生质疑。

比如，在高一讲"按劳分配为主体多种分配方式并存"时，提出"既然是按劳分配，为何在不同行业或同一行业的不同单位付出等量等质的劳动，其报酬却不尽相同，这是否违背按劳分配原则？为什么？"

在讲正确处理积累和消费的关系时，则提出"既然上册教材中讲社会劳动生产率与同一劳动在同一劳动时间创造的价值总量无关，那么，为何在这里又说提高劳动生产率，国民收入也会水涨船高。这和上册教材中的提法是否矛盾？为什么？"通过上述设疑，学生情绪高涨，思维活跃，带着问题重新阅读思考教材。

又如，"认识""真理""理论""科学理论"等几个概念的表述极为接近，学生在掌握时容易混淆。但如果对它们进行对比分析，结合数学中的"韦恩图"，就可以形象地、清晰地表示出它们之间的从属、兼容关系，学生对各个概念的内涵和外延、联系与区别就能正确地把握。因此，课堂教学中自学不可以没有，但也不能过度，更不能无指导、无提示、无具体要求，由学生一看到底。

①复习阅读。是在教师授完一个单元或全部课程后，要求学生进行系统的阅读。教师帮助学生从教材的知识结构着手，强调概念、

原理、课题及课节之间的横向联系，指导学生运用分析综合法进行阅读，对知识进行归纳、整理，形成良好的认知结构，促使学生对所学知识融会贯通。

比如，复习高一第二课第一节"社会主义初级阶段的经济制度"时，根据生产关系一定要适应生产力发展的规律，教师要求学生以"生产力状况所有制分配制"为线索，透彻理解各知识点之间的内在层次关系。

在复习高二思想政治"想问题办事情要从实际出发"一课时，引导学生把该课的内容提炼成"两点一法和区别"。"两点"是指两个基本观点，即"世界的本原是物质""物质和意识的辩证关系"；"一法和区别"是指一个根本方法，即"一切从实际出发"，一个区别是指唯物主义和唯心主义的区别。这样概括的内容不但简单，而且便于记忆。然后，教师再帮助学生清楚地了解它们之间的内在逻辑联系。

课文的第一节总的讲了世界的本原是物质以及物质的概念；第二节着重讲述什么是意识及物质和意识的辩证关系；第三节着重讲述物质和意识辩证关系原理在方法论上的要求，即必须坚持一切从实际出发；第四节总结唯物主义和唯心主义世界观的根本对立，而划分的依据就是"世界的本原是什么"。这样，揭示出各节间的逻辑关系有助于学生对知识的全面理解，把握课本知识的框架，逐步学会对知识进行系统整理。

②课外阅读。通常是在参加课外实践的活动中，为解决所遇到的问题去阅读课外参考书。随着改革开放的不断深入和国际形势的变化发展，每年、每一时期都会出现许多新情况、新问题，再加上学生思维的独立性、批判性大大增强和认识易走极端，思想上存在着诸多的困惑。

为了做到理论联系实际，消除学生思想困惑，比如先后组织了学生感兴趣的"市场经济与雷锋精神"和"人的本性是不是自私的"等问题，进行讨论或辩论。

学生为了在讨论中展示自己，在课外积极进行准备，促进学生积极参与课外阅读，还经常组织学生进行时政专题讲评，引导学生用重点、难点和疑点知识去分析社会热点和学生思想认识中的热点问题，撰写政治小论文。同时，还可以结合研究性学习，指导学生探究问题，分析、解决问题，体会研究性学习的方法，把它运用到课堂教学中来。总之，课外阅读不仅加深了学生对课内知识的理解，激发了学生学习政治的兴趣，还有助于培养学生的自学能力。

检查评价反馈

不论是让学生阅读还是让学生参加社会实践，单有布置而没有检查无法落实，而有检查无评价反馈则无法激发学生的自学热情。上新课时，要利用预习提纲中的问题提问学生，了解自学情况。

在教学进程中，对一些较易混淆的概念和难懂的问题，先让学生进行不同形式的讨论，再由学生回答。对学生的回答，教师及时给予评价，肯定正确合理成分，指出不足，予以鼓励。对学生写得较好的小论文，在年级各班予以介绍，获奖论文予以表彰。以上做法使学生经常体验到成功的喜悦，感受到自学的价值，从而增强自学的信心。

提高自学能力

培养自学能力的关键是培养自学习惯。自学能力的培养不是一朝一夕的事情，必须经过长期有效的训练，才能形成稳定的自学习惯。因此，在平时教学中就要有意培养学生以下几种习惯。

（1）养成课前预习的自学习惯

课前预习可使学生对新课有大概的了解，既提高学生听课效率，又提高教师授课的效率。课后及时复习不仅有利于学生对新知识的消化吸收和强化记忆，也有利于提高完成作业的效率。

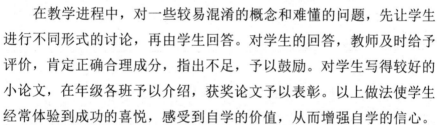

（2）养成爱思考和质疑的自学习惯

引导学生在自学过程中读一读，顿一顿，学一学，页页顿，节节顿，课课顿，天天顿，每学必有顿，善于发现疑点，敢于发表自己独立的见解，成为"爱思考、会提炼、能总结、多条理"的人。

教会学生质疑不仅可以调动学生的自学兴趣，还可以培养学生的发散思维、激发学生的智慧潜力。边阅读边思考也有利于学生知识的迁移。

（3）养成学生博览群书的习惯

中学生单从课本获取知识是很有限的，因此，引导学生多读一些与政治学科有关的报刊和课外书籍。比如《半月谈》《时事》《中学生时事政治报》，收看《新闻联播》《焦点访谈》等电视节目，通过摘录、剪贴等形式做好读书笔记。

由于各人的笔记是有差别的，为使同学间互相学习，取长补短，还可以组织同学间互相交流笔记的活动。这不仅扩大了学生的视野，还有利于学生综合素质的提高。

著名教育家陶行知说过："教育孩子的全部秘密在于相信孩子和解放孩子。"所以，我们在教学中应尊重学生的学习自主权，"以问导其思，以身导其行"，多鼓励，多帮助，只有这样，学生在自学过程中的潜力才能得以充分发挥，才能深刻领会学习过程，对知识才能达到真正意义上的理解和应用。

11. 地理教学中培养学生自学能力的方法

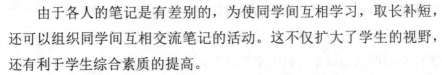

在地理教学过程中，常常存在一些情况，例如：学生回答问题常与课文内容、观点、术语相脱节；学生观察、分析、想象活动经常

停留在肤浅阶段，难以深入；在讨论问题时，往往启而不发，进展缓慢。

造成这些情况的原因很多，认真分析，重要原因之一就是教师在课堂教学过程中，未能很好地安排学生阅读自学，未能很好地让学生积极主动地参加学习活动。

要使学生在课堂上能积极主动地投入教学活动中，培养他们独立、主动的学习习惯和学习方法是很重要的，教师在传道、授业、解惑的同时，还应培养学生的阅读自学能力，让他们养成良好的自学习惯，掌握良好的自学方法。

形成良好的阅读自学习惯

（1）大力宣传倡导自学

向学生讲解阅读自学的重要意义，介绍自学经验，强调形成良好的自学习惯对获取知识，增强能力，提高成绩的巨大作用。让学生在思想上高度重视阅读自学产生，要求教师在教学过程中让出时间安排自学环节，让学生有自学的愿望。

（2）选择适当的阅读自学方法

遵循学生自学与教师讲授紧密联系的原则，教师在指导学生阅读自学时，应根据课本知识和学生自学能力的实际水平，选择简便易行，灵活多样的自学方法，让学生做起来难度不大而有趣，费时不多而收获大。这样学生就乐于自学精于自学。

（3）进行阅读自学成果总结

在学生阅读自学以后，教师应结合课本内容即时组织学生讲座，肯定学生的自学成绩，总结经验，扩大自学影响，让学生体会到阅读自学的确使自己在课堂教学过程中处于主体地位，赢得主动权，并有利于自己阅读理解能力、逻辑思维能力、自学能力等的提高，有利于学习成绩的进步。这样会增强学生自学的内在动力，调动学生的自学积极性，从而逐步形成阅读自学的良好习惯。

掌握阅读自学的良好方法

地理课本是学生获取地理知识的主要来源，也是回答地理问题的主要依据。地理课的自学是通过学生认真阅读地理课本知识，做自学笔记，回答一些问题等途径实现的。根据地理课的特点、课本知识的难易情况、教学大纲的要求、学生的实际，地理课的阅读自学有以下几种方法。

（1）"语意式"阅读法

"语意式"阅读法主要适合于课本篇幅较长，但知识点不多，层次比较清楚的章节或段落，如高中地理下册的一些章节。

使用这种方法自学时，要求学生对课文内容逐段、逐句、逐字地通读，先找出知识点，排一排知识层次，再对每一个知识点进行归纳概括，然后做好读书笔记。对要领可做句子成分分析，找出关键词，对看不懂的疑难问题做上标记。

教师在学生自学时要提出一些问题进行考查，检查学生对知识的理解和掌握程度，对学生自学中存在的问题进行必要的讲解。对于知识简单的课本内容，采取"语意式"阅读法让学生自学，既可以节省时间，又可避免教师讲解过多而使学生产生枯燥无味的感觉。

（2）"提纲式"阅读法

"提纲式"阅读法是教师在课前就教材内容精心设计好读书提纲，理出主要知识点，为学生看书自学指出思路，从而达到降低自学难度的目的。如学习"大气的水平运动"时，就可列出自学提纲。

（3）"习题式"阅读法

所谓"习题式"阅读法，就是教师根据大纲要求，把课本知识转化为习题，让学生带着习题去看书自学，边阅读边做习题。它适合于知识点较密集，重难点较集中的那部分教材。

采用这种方法指导学生自学选编习题很重要，要求选编的题目与课本内容密切联系，主要知识点都应在题目中显示出来，而且题目要有一定的综合性和启发性，有利于学生对课本知识的理解和掌握，但难度要适中，以大多数学生通过自学都能得出正确答案为宜。

总之，建立自学和课堂教学相配套的教学模式，把阅读自学作为地理课堂教学中一个重要环节来抓，并反复坚持，不断改进，就能让学生逐渐养成良好的自学习惯。掌握正确的自学方法，就能提高学生的阅读自学能力。学生在认识到阅读自学的价值后，也会自觉拿起阅读自学这个武器，去提高地理学习成绩，从而达到提高地理课堂教学效果的目的。

12. 生物教学中培养学生自学能力的方法

对学生自学能力的培养，既是现代素质教育的重要内容，也是教学改革的方向。自学能力对提高生物教学质量，培养学生的能力，开发智力，养成良好的学习习惯，都是十分重要的。

调动自主学习积极性

充分调动学生自学的主动性要让学生能够自主学习，养成自学习惯，首先要激发他们的自学热情。为了调动学生自学积极性，对学生讲道理，明确学习目的，只有有了自学能力，才能凭借已有的知识向纵深开拓，将来才能有所创新，在市场经济大潮中才能立于不败之地。

现代生物学已经渗透在许多领域中：工业、农业、国防、科技、医药、能源及人口控制、优生等。生物科学技术的发展对于我国更有重要的意义。具备了自学能力，才能更好地学好这门学科，提高自身素质，才能对国家做出更大贡献。

指导学生阅读教材

在课堂教学中指导学生阅读教材，对培养学生的自学能力和认真阅读的习惯，对提高生物教学的效率，有着重要作用。过去，不少学生习惯"满堂灌"的教学，只能消化教师"嚼碎"了的知识，口、耳、眼及思维长期处于抑制状态，不会读书，也不习惯读书；不会发现问题，也不善于解决问题，大大影响了智力的开发和能力的培养，影响生物教学和学习质量的提高。

（1）激发学生阅读兴趣

从学生的实际和教材各章节的特点出发，引起学生阅读兴趣，激发求知欲，让学生学有所得。

如指导学生学习"遗传的物质基础"时，亲子鉴定的依据是什么？有位哲人说过在世界上找不出同样的两片树叶。这是为什么呢？一般同学会回答，这是 DNA 分子决定的。那么，DNA 分子为什么会有这样大的神通呢？由于进行阅读前的启发，引起学生的阅读兴趣，想知道 DNA 到底是什么，怎样的结构，又怎样在遗传变异中起作用。又如，在学习"光合作用"一节时，绿色植物可以制造有机物，绿色的青蛙为什么不能？那么叶子是怎样施展它那惊人技艺的呢？这样学生就会产生好奇心，也就给学生自学实践、独立思考创造了机会，增添了阅读热情。

（2）设计思考性问题

为了引导学生读书，领会课文精神，先编写自学提纲，提出思考性问题，比如"植物生命活动调节"一节中可以提出一些问题。让学生带着问题自学，然后再让学生自拟学习提纲，归纳整理学习笔记，即对知识内涵及重点、难点找出答案和写出结论。凡是学生懂的，不讲或少讲，尽可能留有余地，做到手脑并用，让学生独立阅读和思考，提高自学能力。这样既教会学生自己学习，又使学生能够自己去获取知识，自己去更新充实知识体系。

组织好课堂讨论

组织好课堂讨论，不仅可以加深学生对基础知识理解，也是培养学生自学能力的重要途径。讨论课的内容一般选择教材的重点、易混淆的概念和学生的共性问题。课前要做充分准备，通过课前准备培养学生看书习惯和查阅资料的能力。讨论时要各抒己见，相互辩论。这样，就可锻炼学生独立思考能力、分析能力和表达能力。如在"叶绿体中色素的提取和分离"的实验中，叶绿素 a 和叶绿素 b 的颜色很相近，一个为蓝绿色，一个是黄绿色，学生容易混淆又不好辨认，所以在实验中展开讨论，加以弄清。

又如，"生物的生殖"一节中，讨论极体和极核是不是同一概念，有的同学说："是，极体是动物细胞减数分裂产生的细胞，极核是植物细胞减数分裂产生的细胞，因为胚囊内卵细胞产生的同时，也产生了极核。"有的同学不同意上述说法，争辩说："极核在植物有，动物没有，但极体在植物和动物都能产生。"也有同学认为："极体是减数分裂产生的，而极核都是有丝分裂形成的。"

经过这样的讨论、争辩，再加上教师对这一难点的点拨、分析，弄清了它们的区别，同时称赞参加讨论并踊跃发言的同学，鼓励人人参与，不要怕错，敢于阐述自己的观点。这样的课，学生学习生动、活泼，培养了学生独立思考及解决问题的能力。

培养自学能力注意的问题

指导学生自学，要联系实际，讲求实效。由于课程内容深浅程度不同，新课的自学和复习课的自学不同，学生接受能力也有强弱之分，指导学生自学要从实际出发，因课而异、因人而异，特别注意应因材施教，不应强求一律。对优秀生可提出高一点儿的要求，让他们的能力和智力有更充分发展的余地，对差生要进行个别辅导，给予及时和必要的帮助，让他们能逐步掌握自学的方法。

13. 自然教学中培养学生自学能力的方法

伟大的科学家爱因斯坦曾经说过:"一个掌握了基础的科学知识,又学会独立思考和工作的人,会比那些获得大量细节知识的人更能适应科学的进步和变化。"因此,自然课教学,不仅要教给学生一些必要的基础知识,更重要的是教给学生学习方法,培养他们自学的习惯。那么,在自然课教学中应该怎样鼓励学生积极探求知识,培养良好的自学习惯呢?

培养学生自己观察的习惯

观察是人类获得知识的重要手段,只有通过观察才能得到大量的感性材料。那么,在自然课教学中如何指导学生自行观察,获得丰富的感性材料呢?

(1)充分准备良好的观察材料

应该根据教学目的要求准备良好的观察材料,是学生观察的物质前提。这里所要强调的是:所观察的材料一定要典型。

在自然课教学中,教师要把人类经过漫长时间积累起来的对自然事物的基本认识在这有限的 40 分钟的时间里,有效地转化到学生的认识中去,就必须精选有利于学生探究的典型材料,才能减少学生探索的历程和难度,才能使他们较容易发现共性东西,获得新的知识。

比如在讲《茎的共同特征》这一课时,教师准备的观察材料大多是芦苇的茎、高粱的茎、柳树的茎等,这些都是比较典型的材料,它们的特征都非常明显,学生观察一会儿之后,很快总结出茎的共同特征:茎上都有节。在这里,如果所利用的观察材料不典型,很可能会造成"盲人摸象"的局面，很难在有限的时间里完成教学任务。所以，在指导学生自行观察时，必须选择典型的观察材料。

（2）要讲清观察什么

要讲清观察什么，有时还要讲清观察的顺序等。在准备了典型的观察材料之后，还不能急于让学生盲目地观察，必须向学生讲清具体观察什么，使他们的观察有的放矢。还举方才那个例子，在准备了比较典型的茎之后,还必须告诉学生：观察茎的结构有什么特点,这样，学生的观察就会有明显的针对性，不至于无的放矢。

培养学生自己实验的习惯

自然课是一门综合性较强的学科，努力上好实验课是每位自然课教师义不容辞的责任，那么，怎样上好实验课呢？我认为应该尽量创造条件，让学生亲自动手，逐步培养学生良好的实验习惯。在这个过程中，学生不仅学到了知识，更重要的是他们的实验等各种能力得到了培养和锻炼。

比如，《电磁铁》的教学，在教师的指导下，可以尽量放手让学生独立探索。在制作电磁铁的时候，为学生准备了带有绝缘外皮的导线、大钉子、电池等实验材料，让他们亲自动手制作电磁铁，并指导他们用自己制作的电磁铁做吸铁实验，从而发现电磁铁的基本性质：接通电流产生磁性，切断电流磁性消失。接着，研究电磁铁是否也有南极和北极，仍然让学生自己动手。

通过实验，他们发现这不是一种好办法，所以又开动脑筋，另想办法，有的同学把电磁铁的两端分别接近指南针的一个磁极，结果发现他们之间既有相吸又有相斥的作用。那么，钉帽和钉尖究竟哪端是南极，哪端是北极呢？

最后学生根据磁铁的同极互相排斥、异极相互吸引的性质，判断出与指南针的南极相吸引的那端是北极，相斥那端是南极。还有电磁铁的南北极随线圈的缠绕方向和电池的正负极不同而不同等知识，这些都是通过实验而得出的结论。

反之，如果这些知识只凭教师单纯地讲解，学生既不能有效地获得知识，也谈不上形成什么能力，学生良好的实验习惯也就更不可能形成，对学生的发展是没有任何好处的，所以，在自然课教学中，必须加强学生自行实验，逐步培养学生良好的实验习惯。

培养学生自己总结的习惯

由于学生的认知水平及看问题的角度不同，因此，他们在自行观察、自行实验及其他教学活动中，对事物的感知认识往往是因人而异，众说不一的，其中有些观点往往是片面的，甚至是错误的。

面对这种情况，教师绝不能包办代替直接把正确的结论告诉学生，而必须注意引导学生自行总结，正确的结论最终一定要来自学生。这样不仅使学生获得知识，而且更重要的是表达能力、思维能力等得到了锻炼和提高。

总之，在自然课教学中，一定要充分地调动学生的学习积极性，发挥他们的主体作用，教给他们正确的学习方法。特别是在实验、观察、总结等方面必须使学生做到身体力行、积极主动地探求知识，成为学习的主人，逐步使学生形成良好的自学习惯。

14. 信息技术教学中培养自学能力的方法

信息技术作为一门新兴的学科，有其自身的重要特点，那就是发展速度快，知识更新迅速。在当今信息社会知识爆炸的时代，如果不会通过自学进行知识的自我更新，那么要不了几年，你就会被时代所淘汰，在未来的社会，自学已是每个人实施终身教育的一种很重要的途径了。因此，在信息技术课堂上，自学能力的培养是非常重要的。作为一名教师，与其在信息技术课堂上填鸭式地满堂灌，不如激发学生的学习兴趣，教给学生自主学习的方法。

激发学生的自学兴趣

兴趣是最好的老师。要搞好自学，首先要让学生产生自学的兴趣。如何产生自学兴趣呢？对于信息技术课来说，有的同学有直接兴趣，他们能够主动积极地学习；而有的同学没有直接兴趣，是因为他们还不了解信息技术、不了解计算机技术，教师要加以引导，培养他们的间接兴趣。

比如，讲"用 Word 制作贺卡"这节课的时候，教师可以结合某个即将来临的节日，如端午节、春节等，告诉学生学完这节课便能自己制作一张独一无二的贺卡送给自己的家人或者朋友，并且可以先展示出一些精美的电子贺卡，在这样的氛围下，学生学习的兴趣就会浓厚得多。

引导学生举一反三

在课堂教学中，教师要根据教学内容、学生情况等实际状况，合理安排学生的学习活动，引导学生选用适当的学习方式，培养学生的学习能力，使学生的学习收到"闻一知十""举一反三"的效果，最终达到终身教育的目的。

比如，在学习文字处理软件 Word 2000 界面的时候详细讲解，在随后的教学中讲 Excel 2000 软件时就可以启发学生结合以前学习过的 Word 软件自学，找出它们的界面之间的相似之处和不同之处，学生找出答案后教师再对 Excel 中特有的编辑栏进行具体讲解。这样的教学，既激发了学生的学习兴趣，又增强了他们的自学能力。教会学生在信息技术的学习时如果能举一反三就能事半功倍。

采用任务驱动的教学模式

信息技术课具有实践性和操作性都非常强的特点，因此，学生要学会"做中学，学中做"，有了兴趣，教师在课堂上完成基本内容的教学后，学生入了门，就可以进行提高性的教学。设计一个任务，由学生完成。任务的内容有教师明确要求的，也有允许学生自由发挥的。

比如，讲发送电子邮件时，就可以设计一个"给上课教师发邮件"的任务，在任务中，"给教师发邮件"是确定的内容，而邮件的内容可以自由发挥。学生独立完成任务，进行自主探索学习，在学习中充分发挥学生的主体性，学生通过操作，体验成功与失败，从中获取对知识的真正理解。

学生遇到困难时，可以向老师、同学、书本、软件中的"帮助"、网络请教，以培养学生获取信息、鉴别信息、处理信息的能力和自主学习的能力。在任务完成过程中，学生围绕着如何解决任务去掌握各个知识要点，在不知不觉中学会了举一反三。

在完成任务的过程中，引导学生独立思考主动探索，让学生在主动探索的过程中发现问题、解决问题。在以学生为主体的教学中，教师的任务更加艰巨，在引导学生积极思考主动探索的活动中，教师要善于发现学生的思维闪光点，并及时给予肯定和鼓励，激发学生的创新意识。同时，还要善于发现并抓住学生在探索过程中出现的问题及时给予启发。教师的引导作用在于，要把握整个教学过程的内容、进度与方向，启发的作用在于，学生经过独立思考遇到困难时，教师要提示点拨。

培养学生的自学能力，以学生为主体的教学过程，应该是学生积极主动探索的过程。教师是学习过程的设计者、组织者、参与者、引导者和评价者，教师的责任是引导学生在探索的过程中发现问题，解决问题，建构知识，学会独立思考。

让学生进入主体角色，能主动地去学习、自主地去学习，成为知识的主动建构者。只有教给学生如何去学习，养成自主学习的习惯，当他们独自面对新的知识、新的事物的时候，才会少一些惊慌，多一点儿沉着，才能游刃有余地面对这个已经信息化了的社会。

15. 小学生自学能力的意义

现代教育的快速变迁，将迫使人们终身学习。人要学会生存，先要学会学习。过去的应试教育，使学生不能把精力集中在"学会学习"上，而是让书本、分数牵着走，一切围绕升学的指标转。

笔者认为，实施素质教育，必须渗透学习指导。而进行学习指导，则必须进行学习方法的指导。小学生一旦掌握了科学的学习方法，就将具有一定的自学能力。因而，教师必须在思想上十分重视小学生自学能力的培养。

自学能力的概念界定

自学，是指学习者独立的学习活动。在学校教学中的自学，是指学生在教师指导下独立的学习活动。发挥小学生学习上的独立性是自学的本质。可见，广义上的自学，无论什么样的学习内容和形式，只要是学生独立进行的学习活动，如独立观察、独立阅读、独立实验等，都应属于自学的范畴。

就小学生而言，自学主要是指对书本的独立阅读和学习，因而可以称为"狭义自学"。《孟子·离娄下》中有云："君子深造之以道，欲其自得之也。自得之，则居之安；居之安，则资之深；资之深，则取之左右逢其原。故君子欲其自得之也。"

英国教育家斯宾塞指出："在教育中应该尽量鼓励个人发展的过程，应该引导儿童自己进行探讨，自己去推论。给他们讲的应该尽量少些，而引导他们去发现的应该尽量多些。"因而，我们把自学能力的概念界定为：独立学习、独立观察、独立探讨、独立推论、独立获取和更新知识的能力。这些能力是在获得智能的前提下，在科学学习方法和思维方法的指导下实现的。

灵活运用所学知识、技能及自身的、外界的学习条件、手段，进行无师辅弼、点拨指导的独立学习、思考和作业，进而有选择地、有计划地获取大量新知识，更新原有知识的自主学习的能力。这是一种综合性智能活动的能力。运用这种能力，便可主动研究、主动质疑、主动探索、主动创造，从而具有学会生存的能力与素质。

培养小学生自学能力的意义

自学能力是解决掌握知识和发展智能，提高整体素质的连接与突破口。自学能力是其他各种能力形成的前提条件，它将为日后的创造发明奠定坚实的基础，成为知识大厦赖以支撑的基石。

（1）时代和社会发展的需要

众所周知，当今世界发展的必然趋势是知识经济的蓬勃兴起。它必然符合邓小平同志关于"科学技术是第一生产力"的伟大论断。今天的中国已经越来越清楚地告诉国人：中国必将走向知识经济的时代。

现在的小学生就是未来这个伟大时代的主人，未来的社会不只要求人们掌握了解各种信息，更重要的是善于运用所学知识去摄取并处理所获得的知识。而自学能力正是构成这种摄取、处理信息能力的基础和核心。因而，培养小学生的自学能力，可使他们具有搏击奔腾的科技洪流的本领，也只有具有这种本领，方可成为社会发展潮头的弄潮儿。

（2）多方面提高知识质量的需要

学海固然浩瀚，但是如果小学生具有超强的自学能力，则可以在浩瀚的学海中尽情遨游，自由地汲取。不管知识更新的周期怎样缩短，都可以迎头赶上，适应周期变化，从而解决学习、工作、生活中随时遇到的新问题。同时，因为具有自学能力，学习起来则得心应手；而没有自学能力的所用学习时间相对加长，其知识的质量也远远不及具有自学能力的学生。

（3）竞争社会独立工作的需要

21 世纪的社会，需要每一个人独立工作、独立研究、独立处理纷呈复杂的信息，如果没有自学能力，何以独立工作与研究？未来社会竞争激烈，这种激烈竞争虽然是方方面面的，但归根结底是人才的竞争。而人才竞争的焦点在于素质竞争，素质竞争就是自学能力高低的竞争。在人才的各种素质中，自学能力是居于首要地位的。因此，教师应站在时代的高度，去认识理解培养小学生的自学能力的意义和功用。

16. 培养小学生自学能力的方法

从小学生的实际出发，因人制宜

（1）要抓住小学生能力发展的关键期

心理学研究表明：5 岁前儿童的智力获得 50%，5 ～ 8 岁又获得

30%，还有 20% 则在 $8 \sim 20$ 岁获得。九年基础义务教育期内，正是儿童智力发展的黄金时期。

在这个时期，儿童身心发展的特点是：第一，观察与表达的自觉性和精确性日益提高；第二，意义记忆和词的抽象识记日益发展；第三，抽象思维占主要地位，思维的独立性、批判性在发展；第四，学习的主动性、自觉性有所提高；第五，自我意识增强，理想开始确立。所以，教师必须抓住这个"黄金季节"对小学生进行自学能力培养，切莫坐失良机。

（2）要掌握小学生身心发展的不同特点

小学生的年龄偏小，知识面窄，良好的学习习惯尚未形成。由于他们来自不同的家庭，其家庭教育的方式、手段各异，造成身心发展的不均衡性。因此，教师要对其身心教育的状况进行调研和剖析，这样可对小学生自学能力的培养收到良好的效果。

（3）要依据小学生能力的差异因材施教

差别总是存在的，小学生的学习也是如此。在平时的教育教学中，教师要注意做好学情调查，要"解剖麻雀"，掌握每个学生的学习能力和学习成绩，同时建立卡片档案。这样有利于因材施教，使小学生自学能力的培养具有针对性而减少盲目性。

帮助小学生建立良好稳定的学习环境

辩证唯物主义观点认为：人的行为受其思想的支配。小学生的学习行为也势必受其思想的左右。因此，教师欲培养小学生的自学能力，必须首先教育学生明确学习目的，端正学习态度，为国家昌盛、民族振兴而学习。

同时要提高小学生对自学能力培养的意义认识。思想是内因，教师的教学与培养是外因。外因只有通过内因才能起作用。因此，教师要经常对小学生进行前途理想教育、学习目的性教育。这样可使小学生建立良好的学习情绪，对学习有一个持续而浓厚的兴趣，为进行自学能力的培养创造一个有利的条件。

加大课堂教学体系改革的力度

目前，在许多学校，受应试教育观念的束缚，教学思维形成定式，教学方式方法仍是老一套：教师唱主角，学生跑龙套；教师讲得口干舌燥，学生听得味同嚼蜡；教师为完成教学任务和教学课程，只讲知识，不讲方法，学生为分数和升学而学，不求学法……这种极不科学的教学结构体系，既不指导自学，又不重视学法，更不考虑能力的培养，即使让学生自学也是放任自流。这种教学习惯于死记硬背，学生有疑而不质，有难而不问，根本不能培养小学生的自学能力。

笔者认为，培养小学生的自学能力，第一，调整教学中的讲授时间和学生自学时间的比例，前者须减，后者宜增。第二，变教师灌输为主的教学结构体系为学生自学为主的教学结构体系。第三，采用"教师先列教学提纲，由学生自学讨论；教师点拨指导，学生分析理解；教师归纳总结，学生质疑问难"的教学模式。久而久之，不仅培养了小学生的自学能力，还可以调动小学生的学习积极性，加深对所学知识的理解。这样，师生两轻松，何乐而不为？

组织学生做好课前预习、课后复习

预习，是在教师指导下，运用已学知识、技能为新课做准备的自学活动，是学生自学求知、主动探索的重要步骤，其步骤在于学生获得学习的主动性，为教师的"教"创造条件。

可见，预习可发展学生的思维、培养自学习惯和自学能力，预习时，教师要提出具体的预习要求。这个要求可以口头提出，也可以印发提纲。这种提纲可以是填空式的，也可以是图表式的。预习方法或浏览探讨，或个别钻研，或小组交流。

复习，是指每讲完、学完一部分内容之后的复习。"温故而知新"，揭示了复习的意义与作用，复习能对教师讲授的内容起到反刍消化的作用。

预习、复习要在教师指导下进行，不可以放手不管，教师要发挥主导作用，不离学生左右，有错即纠，有漏即补，有疑释疑，有难解难。这样可保证自学效果，同时保证了学生自学的科学性、思维性，有利于自学能力的培养。

教给小学生科学的思维和学习方法

科学的思维方法是大脑对书本进行有效加工的过程，而科学的学习方法则是科学的思维方法在学习中具体运用，这两者之间是紧密相关的。

我国已故著名教育家叶圣陶先生认为：教任何课程，"讲"都是为了达到用不着"讲"、用不着"教"，学生入门了、上路了，他们能在繁杂的学习事物之间自己探索，独立实践，解决问题了，岂不是用不着再讲再教了？这就是"授人以鱼，不如授人以渔"。

达尔文说得好："最有价值的知识是关于方法的知识。"因此，教给小学生科学的思维和学习方法是培养学生的自学能力的重要一环，这如同交给小学生一把打开知识宝库的金钥匙。

关于学习方法，我们可以借鉴以下两种。第一，南宋时期的学者朱熹的二十四字朱熹读书法：循序渐进、熟读精思、虚心涵泳、切己本察、着紧用力、须教有疑。第二，目前在美国盛行的"SO3R"学习方法，即纵览、提问、阅读、背诵、复习五步骤。

重视非智力因素对小学生自学能力的作用

非智力因素包括纯正的学习动机、饱满的学习热情、坚强的学习信心、顽强的学习意志、勤奋的学习精神、谦虚的学习态度等。人们对这些非智力因素有很多生动形象的比喻。这里笔者把它们合在一起做一个比喻，如果说小学生的自学能力是小学生遨游知识海洋，达到美好彼岸的聪明才智之舟，那么这些非智力因素就是舟之舵、舟之帆、舟之桨。

北宋文学家苏轼的《晁错论》中有云："古之成大事者，不惟有超世之才，亦必有坚忍不拔之志。"小学生的学习如果有"坚忍不拔之志"，学习一定好。换而言之，如果我们老师有这种"坚忍不拔之志"，那么小学生自学能力的培养一定可以成功。

17. 中学生自主学习的意义

随着课程改革的不断深入，人们对学习方式的改变越来越予以关注。如今听课时常会听到有人私下议论：这节课学生的自主学习不够。然而究竟什么是自主学习？课堂上又如何实施自主学习？

行为主义心理学家认为"自主学习"包含三个过程：自我监控、自我指导、自我强化。建构主义学派认为"自主学习"，实际上是"元认知"监控的学习，要求个体对"为什么学、能否学习、学习什么、如何学习"等问题自觉的意识和反应。

现代学习论认为，无论是最聪明的教学法还是最愚蠢的教学法，所有学生的学习都是自学，学习本身就是学生主体的成长过程，自我建构过程，教师只是学生进行自我建构的激发者、促进者和帮助者。

自主学习的基本特征

（1）学习行为的自觉性

《语文新课程标准》明确地把"情感、态度和价值观"作为一个重要维度纳入教学的整体目标。语文是表达思想感情、进行社会交际的工具。语文的生命在于它对主客观世界的生动反映与表现。

如果没有独立的人格和完美的个性品质，缺乏主人翁的角色意识，形不成自觉、清醒的"自我知觉"和"社会知觉"，没有产生自身的心理需要，那就无法去能动地"反映"和"表现"主客观世界，也无法顺利地参与人与人之间的沟通。

"语文学习是学生的个性化行为"，学生是有血有肉、有情感、有灵性和创造性的独立个体，学习是他们有目的的自觉行动，他们对自己的学习活动自始至终都必须具有清醒的自我意识、明确的目的意识和积极能动的主体状态。

《语文新课程标准》指出："语文课程必须根据学生身心发展和语文学习的特点，关注学生的个体差异和不同的学习需要，爱护学生的好奇心、求知欲，充分激发学生的主动意识和进取精神""语文教学应激发学生的学习兴趣，注重培养学生自主学习的意识和习惯，为学生创设良好的自主学习环境，尊重学生的个体差异，鼓励学生选择适合自己的学习方式。"

倡导自主的学习方式，首要的一条就是要唤醒学生沉睡的心灵，帮助学生在学习交往中认识自我、评价自我并有意识地调整自我，随时都能清醒、自觉地意识到自己的角色地位和存在价值，从而大力释放自身的生命潜能。

有效的语文教学必须把学生带入主动学习的"有我之境"，让他们把语文学习与"自我"联系起来，与自身生活和社会生活的需要联系起来，在学习和语文实践活动中，不断深化其感知力、想象力、思考力与创造力，读书时，能从学习语言的角度，把课文作为一种学习资源，一个言语的"范型"，一个可供观察、认识的对象和借以进行实践对象，自觉调动背景知识和已有经验，"潜心"进入课文情境，灵活转换视角，全方位、多层面地获取真切感受，做到"我心入书，书入我心"。

写作文时，能站在交际主体的地位，从交际的实际需要出发，表达自己的亲身经历、真实感受。同时有明确的读者意识和对方意识，能根据不同对象、不同场合和目的，选用合适的内容和形式，做到真写实练，学以致用。

（2）学习活动的自为性

《语文新课程标准》提出："语文是实践性很强的课程，应着重培养学生的语文实践能力，而培养这种能力的主要途径也应是语文实践""应该让学生更多地直接接触语文材料，在大量的语文实践中掌握运用语文的规律。"以"语文实践"作为语文教学的"主要途径"，这就使语文本体的根本属性"交际性"保持了高度的一致。

夸美纽斯说："一切语文，从实践去学习比用规则学习来得容易。"现代儿童语言教育应将儿童看作语言的使用者，明确儿童是在有目的的活动中，在与他人相互作用的过程中，通过语言来学习语言的。

语文学习是学生的"个性化行为"，"学习和发展"完全是学生自己的事，别人不能也无法代替，学习过程本来就是学习主体的自我建构过程，教师只是学生进行自我建构的激发者、促进者和帮助者。

遵照《语文新课程标准》精神，我们的语文教学不光要让学生充分了解学习过程，更重要的是要让学生自主参与学习实践，让他们动眼、动口、动手、动脑，既充当实践的主体，又充当思维的主体。

现代语文教育强调语文主要是学习行为，而不是教学行为，语文教学是立足于学生自主学习的基础之上的，学习语文是一种主体内化、自我建构的过程，也就是将表达思想的言语同自己的思想联结成为一体的过程。

实现这一过程，不是靠看词典的注释和听教师的讲解，而是靠个体心灵对于语言材料或言语行为的直接接触，亲身感受与体验。书要靠学生自己去读，语言运用之妙要靠学生自己去感悟，语文能力要靠学生自己去建构，语文素养、文化底蕴，要靠学生自己去积淀。

一句话，语文教学必须遵循主体内化、自我建构的原则。有人打了一个生动的比方：语文教学如同一个人的吃饭与长大，"吃"是自身行为，"吃什么""吃多少"是自主选择。别人的活动诸如进食环境的创设、食物种类的提供等，充其量只是一个外部影响罢了，是不能代替这个人的吃饭、长大的。

　　在这里，"吃"就是实践活动，没有"吃"永远长不大。这是一个十分简单、人人皆知的常识。遗憾的是过去许多所谓的"教学理论""教学思想"恰恰颠倒了这一关系，将教师的"教"放在了主要位置，学生的"学"放在了次要位置，"学"从属于、依附于"教"，学生完全沦为"配合"教师完成教案的陪衬。这就等于是用教师的"吃"来代替学生的"吃"，于是教师"吃"得津津乐道，学生却饥肠辘辘，这样怎能健康地长大。

　　众所周知，儿童学前口语学习的成绩是非常出色的。儿童口语能力是在广泛的言语交际实践中，不断听取，不断体悟，不断模仿运用，大胆试讲并及时矫正，在不知不觉中成功的。这是一个不断接纳外在语言，通过内化转换、从而生成自己语言的过程。

　　以书面语言为主的学校语文学习，同样离不开言语实践。由约翰·巴博编著的《英语教科书》编者《导言》的第一句话就是："这是一本要求活动的书。"编者还写道："在你读这本书时，你需要与其他人合作：朋友、父母亲、家庭成员等。因为使用英语绝非一个人孤立的工作，即自己对自己说话、听话不是很滑稽吗？编者就是这样用平易、亲切的话语，告诉孩子言语的交往性功能的。"

　　书面语言的"学得"，说白了就是通过以读写为中心的教学活动，让学生凭借语言文字与作者的心灵碰撞，再经过内化转换，生成创造自己的精神和言语的过程。

　　人际交往是人类社会的基本特征，言语功能只有在交际中才能实现。语言必须也只能在使用语言的交际合作的过程中学习。不论是"习得"还是"学得"，儿童都是通过运用语文的实践活动，逐步形成语文运用能力的。现代儿童语言教育将儿童看作语言的使用者，认为儿童是在有目的的活动中，在与他人相互作用的过程中，通过运用语言来学习语言的。

自主式的语文学习，强调对文本信息处理加工能力的培养。教师指导学生对语文案例进行加工处理的行为，也就是把语文案例作为原材料，按照语文学习的要求，让学生予以调整、制作、加工、再创造的过程。这是改变了原来的接受式学习语文案例的状况。

语文学习引入加工行为，是让学生站着面对课文案例：圈注、分类、截取、重构等，取"我"所需、为"我"所用。这样就可以改变学生的学习心态，即由遵从走向驾驭，从被动走向主动，从小心识记走向大胆建构。

（3）学习过程的自控性

"自控"是人的天性，人从事实践活动，不是为了服从现实，而是为了把现实"同化"于自己，即通过"同化"作用来改变现实，以满足把握和控制外部现实的要求。戴森和加尼斯说过："语言教育的目标是在各种各样的情境中，帮助儿童在运用口头和书面语言时，体验到'控制感'，能通过运用语言来达到各种各样的目的，也就是说，使儿童成为一个具有交流能力的社区成员，或更广义地说，社会成员。"

长期以来，我们的语文教学都是由教师全盘操纵，教师一厢情愿的"他控"行为实在太多。语文教学过程应由教师主宰的"他控"为主，向在教师指导下的"自控"为主转变，应提倡由"计划经济""卖方市场"，向"市场经济""买方市场"转化；由"配给制"和"填鸭式"的被动接受，向"自助餐""超市式"的主动获取转化。

逐步还学生以学习活动的主动权、选择权与自控权。让学生学会自我选择、自我设计、自我建构、自我监督、自我调节、自我评价和自我反馈。

要想实现在教师指导下的"主体自控"，确立学生在课堂上的主角地位，必须交给学生学习语文的基本方法。方法是能力的核心因素，知识的传授是有限的，而有了方法，对知识的获取就是无限的。

要根据学习过程的特点，分阶段有针对性地对学生进行学习方法的指导，尤其是进行"元认知"和"元学习"能力的指导与培养，有意识地让学生了解自己的学习过程，对自己的认知活动和学习活动的方式、特点及效果进行知觉、体验、调节、监控和把握。

要尽快帮助学生掌握一套学习语文的基本"操作流程"，使他们在学习活动的每一步，既知道自己应该做些什么，又懂得该怎样去做。一些带有规律性的"常规老套"，比如语文课文的初读，如何正确阅读、理解词句、把握主要内容等，应尽快化为学生的能力和习惯，放手让学生去自觉运用。

课堂上的大块时间和空间将由学生自己主宰，教师可以帮助学生解决那些疑难问题。这样，长期困扰我们的"满堂灌""满堂问"的教学格局就会被彻底打破。

最后必须说明一点：学生的"自为""自控"是相对的，课堂教学是有指导的学习行为，绝不能因为提倡"自主性学习"，就放松教师的"组织""引导"作用。那种"你喜欢读哪段就读哪段""你想怎么学就怎么学"的说法是欠妥的。

自主学习的理论依据

（1）建构主义教学理论

该理论是由瑞士的皮亚杰最早提出的，建构主义认为，知识不是通过教师传授得到的，而是学习者在一定的情景即文化背景下，借助包括教师和学习伙伴在内的其他人的帮助，利用必要的学习资料，通过意义建构的方式而获得。它提倡在教师指导下的以学习者为中心的学习。

也就是说，既强调学习者的认知主体作用，又不可忽视教师的主导作用。教师是意义建构的帮助者、促进者，而不是知识的传授者、灌输者，学生是信息加工的主体，是意义的主动建构者，而不是外部刺激的被动接受者和被灌输的对象。

（2）结构主义教学理论

由美国心理学家、教育学家布鲁纳依据认知心理学观点提出的。他认为教学的根本目标在于使学生尽可能牢固掌握科学内容，尽可能使学生成为自主且主动的思想家，使其日后能独立地向前迈进。为实现这一目标，学生必须积极主动地构建自己的知识结构，亲自探索或"发现"应得出的结论或规律性知识，并发展他们发现学习的能力。

（3）人本主义教学理论

该理论是美国的罗杰斯以存在主义哲学和人本主义心理学为基础提出的。他认为，当代世界是一个加速变化、充满矛盾和危机四伏的世界。"只有学会如何学习和学会如何适应变化的人，只有意识到没有任何可靠的知识唯有寻求知识的过程才可靠的人，才是有教养的人。"教学目标是培养具有独立人格，具有创造能力，适应时代变化的新人。

（4）元认知理论

元认知是认知主体对认知活动的自我意识和自我监控。它由元认知知识、元认知体验、元认知监控组成。元认知知识是学习成功的前提，是促使学生从"学会"到"会学"的关键。元认知体验是将教材的知识结构转化为学生的认知结构，强化学生对认知活动的自我意识，自我体验，使学生从意识到行为都主体化，有利于确保学生的主体地位。元认知监控是认知主体主动控制自己的认知活动，灵活地选择学习策略。

自主学习的意义

（1）自主学习是素质教育的需要

实施素质教育的本质是按照知识经济时代的要求提高国民素质，实施素质教育的重点是创新和实践能力的培养，实施素质教育的核心是自主学习和自主发展。学会学习是知识经济时代和学习化社会的基本培养目标。

当代社会科学技术飞快发展，知识更新和知识激增速度也随之加快，知识的学习越来越成为一个终身的过程。从某种意义上说，学会学习，学会思维，乐于不断获取新知识和主动探索，善于搜取，辨别和加工各种可得信息，能根据自己的个性设计近期的发展方向和计划，已成为现代社会越来越重要的"顶尖级"素质。

创新教育是实施素质教育的重点。强化自主学习与训练，培养学生自主学习的品质，是培养创新人才的基础和保证。随着知识经济的到来，创新性人才的培养直接关系到世界各国综合国力的竞争。

现代创造学理论告诉我们，人人都有创造潜能，这种潜能是可以开发和培养的。心理学家奥托说："我们所有人都有惊人的创造力。"而自主学习的本质要求是使学生学会能动地、创造性地学习。

（2）自主学习是社会发展的需要

21世纪的教育观就是使受教育者学会学习，学会做人，学会生存，学会合作，学会创造。我们现在培养的学生都将在信息化社会里寻求生存和发展，如果学生在学校教育阶段里，没有能够培养起对知识的渴求，不断探索和创新的欲望，没有形成一种科学思维的习惯和能力，将很难在今后的生活和工作中得到补偿。

因此，学校教育重要的是通过知识的学习，使学生形成对这些知识的浓厚的兴趣和进一步吸取新知识的持续发展的愿望，并习得一些思维方法和形成一些思维习惯。

（3）自主学习是高考制度改革的需要

新一轮高考制度的改革，"3+x""3+综合"，对学生能力和素质的要求越来越高。建立在中学文化科目教学基础上的新的"综合"考试，改变过去以学科知识立意命题，过分强调知识的覆盖面，重知识轻能力，死记硬背，与实践脱离等弊病，综合考试以能力立意命题，增加综合性和应用性。

这样，它有利于学生从整体的观点来分析各种现象和规律，更有利于学生把知识与社会现实生活紧密联系。它对学生的要求是知识信息的占有量和对知识信息的分析处理能力，它要求学生必须学会运用基本观点、基本概念、基本理论去分析解决新情境、新材料、新问题，而这一点不是传统的教学所能达到的。

（4）自主学习是创新性发展的需要

努力培养学生的创新意识、创新思维、创新能力，开发学生的创造力，进而形成具有勇于创新的品质和精神，是面临知识经济挑战，把我国建成世界强国的一项奠基工程。而自主学习正是实现这一工程的必要手段。

综上所述，在教学中提倡学生进行自主学习是非常必要的，也是切实可行的。

18. 培养中学生自学能力的方法

新课程改革已经全面展开，要适应新课程，教师自身要做很多转变，但新课程的一个很重要的理念是学生是教学过程的主体。因此，如何尽快帮助学生确立自己的主体地位，培养学生自主学习的能力也是摆在广大教师面前的一个难题，本文主要阐述实践中有哪些措施可以帮助学生培养这方面的能力。

《新课程标准》指出，教师在教学过程中应与学生积极互动，共同发展。要处理好传授知识与培养能力的关系，注重培养学生的独立性和自主性，引导学生质疑、调查、探究，在实践中学习，促进学生在教师指导下主动地、富有个性地学习。

在新课程实施过程中，学生是学习的主体，但教师和学生受传统教学的影响具有一定的惯性，如何及时地做好转变是课程改革的关键，在这一点上教师起着很重要的作用。

教师除自身在教学理念、教学方法等方面需要改变外，如何尽快培养学生的自主学习能力，使之真正成为学习的主体也是教师的任务。下面就结合笔者的教学实践，谈谈学生自主学习能力的培养。

什么是自主性学习

所谓自主性学习是就学习的内在品质而言的，相对于"被动性学习""机械性学习"和"他主性学习"。在《课标》基本理念中，促进学生自主学习，让学生积极参与、乐于探究、勇于实验、勤于思考。

可以看出，自主学习就是让学生在学习活动中能"积极参与、乐于探究、勇于实验、勤于思考"，这就是要学生在学习过程的各项具体活动中能发挥主动性，自觉地乐于、勇于、勤于去进行各项教学实践，自觉主动地去学，这就是我们理解的自主学习。

为什么要让学生进行自主学习呢？这需要从当代先进教育理论中去找答案。建构主义理论认为学生获得知识犹如他的机体吸收营养，只有他自己才能完成，别人是不能替代的。教师在教学实践中只能起引导和辅助的作用，并促进学生自主学习，学生才能真正获得属于自己的知识和技能。

自主性学习实际就是无认知监控的学习，是学习者能够根据自己的学习能力、学习任务的要求，积极主动地调整自己的学习策略和努力程度的过程。自主性学习要求个体对为什么学习、学习什么、如何学习等问题有自觉的意识和反映。让学生进行自主性学习，是科学教育的必然结论。

如何培养学生的自主学习能力

（1）营造自主学习的教学过程

传统教学是以教师讲授为主，学生被动接受的教学方式。虽然教学中也强调师生的交流，但都是在教师控制下的"一问一答"。

依靠学生查找资料集体讨论为主的学习活动很少，教师布置作业多是书面习题与阅读教科书，而很少布置如观察、制作、实验、读课外书、社会调查等实践性作业，学生很少有根据自己的理解发表看法与意见的机会。

这种教学方式使学生感到枯燥、乏味、学习负担重，压制了学生自主性学习的发展。所以培养学生的自主学习能力首先要从课堂教学过程抓起，主要做到以下几个方面。

①课堂气氛融洽，师生感情和谐。融洽的课堂气氛，和谐的师生感情，使学生能放松地学习，放心地思考，不用担心教师的责骂，也不用担心同学的讥讽。

这种状态学习效率最高，最易产生灵感，见解最易独到。有了这样的氛围，学生学习物理的兴趣就会大大提高，也能建立良好的师生关系，使学生热爱教师，听从教师的教诲，为学生自主学习打下坚实的基础。

②引导学生去认识和发现。学生由于受应试教育的影响，在大脑中"听教师讲、被动学"的思维习惯还根深带同。以教师为中心设计问题、提出问题，学生被动地指向性地回答问题，学生的学习能力得不到锻炼，心理始终处于消极地等待中。

也就是教师没有提问时等待教师提问，回答了提问还要等待教师鉴别回答正确与否，致使学生的思维缺乏自主性和创造性。因此，教师在教学中要帮助学生去构建知识体系，而不是复制知识。前人留给我们的知识，对学生来说是未知的，教师要引导学生自己去发现和认识。

在教学中，教师要合理组织教学过程，充分相信学生，把时间、空间给学生，让其自己在学习中发现问题，当学生提出有价值的问题时，教师应该因势利导，让学生知道什么样的问题有价值，这对培养学生发现问题的兴趣，养成提出问题的习惯都有好处。

学生在活动过程中写错了或说错了，也不要大惊小怪，而应师生共回来分析为什么错了，原因在哪里。教师要充分肯定学生的积极表现，鼓励其继续努力。这是帮助学生尽快步人自主性学习轨道的极好途径。

③承认学生差异，因材施教。教师要全面了解学生，承认并关注学生的个体差异，发现每个学生的独特性。例如，有些学生对物理实验特别感兴趣，尤其喜欢动手操作，教师可多安排他们进行物理实验；有些学生对物理与生活和社会问题的联系感兴趣，教师应鼓励他们带着问题去做调查研究；有些学生对物理概念和规律感兴趣，教师应引导他们进行一些理性的思考和探索。这样可以让学生更多地体会学习的乐趣，更加主动地去学。

（2）抓住教材的作用

过去的教科书仅是知识的载体，是为教师传授知识而准备的文字资料，教材编写从指导思想上不是考虑让学生去进行自主学习，而《新课程标准》明确提出"教科书应为学生的自主发展创造条件"。

教材中，设置了为学生自主学习的栏目和内容，如"思考与讨论""科学足迹""做一做""说一说"等，从教材的基本结构和基本内容上为学生的自主学习创造条件。

①创设情景引导学生自主学习。

②从学生熟悉的事实出发，让学生自觉地走进自主学习的境界。

③从设计学生活动出发，让学生在经历活动过程中激发自主学习的动力，进入自主学习的境界。

④从设计实验探究出发培养学生学习兴趣，促进学生自主学习。激发兴趣是促进自主学习的动力，利用教科书中引入的许多中学生感兴趣的材料，以趣味吸引学生进入自主学习的境界。

（3）开展探究性教学活动

在《新课程标准》中指出，科学探究既是重要的教学方式，又是重要的学习方式。在科学探究活动中，学生通过像科学工作者那样做研究，在此过程中，主动地学习物理知识与技能，体验学习物理的乐趣，从而进入自主学习的轨道中来。

在开展探究性活动中，教师要做好如下工作。

①鼓励学生积极大胆参与科学探究。科学探究是学生参与式的学习活动，要鼓励学生积极动手、动脑，通过自主的探索活动，学习物理概念和规律，体验科学探究的乐趣。在探究过程中，要帮助学生克服怕出错、怕麻烦等思想障碍，同时在比较困难的地方适当给予指导，使学生能够比较顺利地参与科学探究活动。

这样做可以让学生更多地体验到成功的愉悦，避免多次失败产生的消极心理影响。对于学生所提出的意义不大的问题或明显不正确的猜想，不要简单的否定，应该在充分肯定学生积极性的同时还要指出其中正确合理的成分，使学生看到自己的成绩，增强参与的勇气和主动性。

②选择合适的探究活动。教师可以从《新课程标准》中选择，同时，也应该结合本地条件和学生的实际情况，自己设计一些探究活动。

探究的课题应该能激发学生的兴趣，达到培养学生热爱自然、理解自然的情感，以及对物理科学的探究兴趣的目的。

另外，学生对于科学探究的学习应该由简单到复杂，循序渐进。在学习物理的初始阶段，应选取较简单的探究活动，必要时，在容易出现困难的地方给予提示，使学生保持不断探究的信心。

③重视探究活动中的交流与合作。物理课的大多数科学探究都不宜以个人为单位而应该分组进行，每组 2～3 人，组内分工要明确。要注意发挥每个学生在探究活动中的积极性，不能由少数学生包办代替。这样使每个学生得到机会均等的全面练习，体现工作中的分工与协作，增强学生学习的自主性。

以上就是笔者总结的培养学生自主学习能力的一些方法。课改能否成功，教师是关键，但起决定因素的还是学生。因此，我们必须转变教学思想，以学生为本用好教材、搞好实验、组织好课堂教学，要尊重学生的兴趣爱好，尊重学生的个性思维，采用学生喜欢的学习方法，让学生主动探求、主动合作、主动获取知识，形成技能。

在这样一个过程中，学生体验了知识的形成过程，自然也能培养学生的积极情感与态度，进而形成正确的价值观。也只有这样，才能培养出具有创新精神和实践能力的学生，才能促进学生的全面发展。

1. 善问的维特根斯坦

著名哲学家维特根斯坦在剑桥大学学习时，曾是大哲学家穆尔的学生。

在穆尔授课期间，维特根斯坦是最令他头疼的学生。维特根斯坦总有问不完的疑问，一个接一个。常常一堂哲学课会变成维特根斯坦提出疑问，由穆尔一一解答的答辩课。甚至在休息时间，维特根斯坦也紧跟着老师穆尔。在剑桥大学，维特根斯坦是一个有名的"问题篓子"。

有一天，穆尔的朋友——著名哲学家罗素登门和穆尔闲聊，他问穆尔："谁是你最出色的学生？"

穆尔毫不犹豫地回答说："是维特根斯坦。"

罗素问："为什么呢？"

"因为在我所有的学生中，只有维特根斯坦老是有一大堆学术上的疑问。"穆尔回答说。

十几年过去后，维特根斯坦在哲学界的名气不仅远远超过了自己的导师穆尔，而且也超过了大哲学家罗素。这时，穆尔拜访罗素，问："知道和维特根斯坦比较起来，我们为什么落伍了吗？"

罗素听了，静静思忖了一会儿，回答说："因为我们提不出疑问了，而维特根斯坦却还有一大堆的疑问。"

2.国王的问题

西班牙曾有位叫彼得罗一世的国王，对于很多人来说，他是正义的象征。这天，彼得罗一世宣布他将公开选拔法官。

三个人毛遂自荐，一个是宫廷的贵族，一个是曾经陪伴国王南征北战的勇敢的武士，还有一个是普通的教师。在宫廷人员和三个候选人的陪同下，国王离开王宫，率领众人来到池塘边，池塘上漂浮着几个橙子。

"池塘上一共漂着几个橙子啊？"国王问贵族。贵族走到池塘边，开始点数。

"一共是6个，陛下。"

国王没有表态，继续问武士同样的问题："池塘上一共漂着几个橙子啊？"

"我也看到了6个，陛下！"武士甚至没有走近池塘就直接回答了国王的问题。

国王没有说话。

"池塘里有多少个橙子啊？"他最后问教师。

教师什么也没有说，径直走近池塘，脱掉鞋子，跳到水里，把橙子拿了出来。

"陛下，一共是3个橙子！因为它们都被从中间切开了。"

"你知道如何执法，"国王说，"在得出最后的结论之前，应该证明，并不是所有我们看到的就是事情的真相。"

3. 让思维转个弯

今天的电脑键盘上的字母排列已经被所有的人习惯了，尽管有很多新的键盘排列模式，却得不到推广。其实，一开始键盘上的字母排列并不是今天这个样子。

那是在 19 世纪 70 年代，当时最大的专业生产打字机的肖尔斯公司遇到了一个难题，那就是打字机使用起来很容易造成绞键。因为机械工艺不完善，字键按下去之后弹同速度比较慢，如果打字员打字速度很快，就很容易把两个字键绞在一起。为了防止这样的现象发生，打字员总是需要在打字之后，小心地把字键分开，这样打字速度就大大降低了。很多使用打字机的顾客向肖尔斯公司的服务人员反映了这个问题，希望能够得到改进。顾客的投诉越来越多，公司里的工程师却一筹莫展。他们极力改进工艺，但是于事无补。

一位工程师日思夜想，打字机的打字速度和字键的弹起速度及打字员的打字速度有关。绞键就是因为打字员的打字速度太快了，快过了字键的弹起时间。如果不能够让字键弹起更快，只能想办法降低打字员的打字速度。

当他的这个想法被提出来的时候，人们都十分赞同。于是，他们开始积极思考降低打字员打字速度的方法。最终，他们想到了改变字母排列顺序的方法,把那些比较常用的字母放在比较笨拙的手指下，而把那些比较不常用的字母放在比较灵活的手指下。例如，A 比较常用，放在左手小指下，而 V、R、U 等使用率较低的字母则放在灵巧的食指下。这样，就使得击键的速度降低下来，给字键的弹同提供了足够的时间。

这种方法使用后，果然成功解决了打字机绞键的问题。后来，尽管材料和工艺上都有了很大的发展，字键的弹同速度已经变得很快，打字员的打字速度再也不足以造成绞键了，但是人们已经习惯了键盘的字母排列顺序，并且一直沿用到今天。

4. 香蕉皮擦鞋

爸爸妈妈来到我家，帮忙做一项我一直拖延着的工程：清理家居。他俩可真懂得节俭！当我问他们要买什么清洁用品，他们说："不必了，我们会就地取材。醋放在哪里？"我递上一瓶意大利陈醋，妈妈却不理会，去拿起一瓶普通白醋，然后命令我去做三明治，不要妨碍她。

我吃着三明治，看见她利用白醋除掉地毯的污渍，觉得这方法挺怪。之后她用鼻子去嗅书架，更令人摸不着头脑。如果有哪本书令她想打喷嚏，她便把书拿进厨房，放进冰箱。她说："这样可以祛除书的霉味。"虽然我有点儿半信半疑，但仍点头表示同意。

"哎，这儿有些碎玻璃，是你干的吗？"我耸耸肩，不置可否。

妈妈拿走我手上的三明治，把火腿丢给小狗吃，将面包上的蛋黄酱抹在我的头发上，然后用面包小心翼翼拖去地上的玻璃碎片。我抗议了一声，她解释道："蛋黄酱是润发乳，而面包可轻易捡起细微的玻璃碎片。"

妈妈已经"失去理智"，看来得向她的丈夫报告一下。我看到爸爸在园子里，将 30 克伏特加酒与少许洗涤剂及两杯清水混合，倒进喷壶内。他见我一脸疑惑，便说："我在清除杂草。"我问："用伏特加酒？"他边喷边答道："天气晴朗时，适宜用这种混合剂，里面的酒精可以令杂草枯萎。"我说："您知道这瓶酒很昂贵吗？"他满不在乎。

我返回屋内，看到妈妈正在用香蕉皮擦拭我的皮鞋，心里暗想："全世界都疯了吗？"正想开口说话之际，"啪"的一声，我踩在香蕉皮上滑倒在地:"噢,我的背呀!"接着听到妈妈大声喝道:"不要动!我去拿松肉粉。"

说毕,她脱去我的鞋子,并拿着一只袜子,一溜烟地跑进厨房。回来时,她手上拿着混了水的松肉粉团,轻轻在我背部揉,然后她把塞满干腰豆的袜子放入微波炉加热 30 秒钟,再放在松肉粉团上。

我本想打电话报警求助,谁知意想不到的事情发生了:我的背舒服多了。松肉粉团减轻了背痛,豆袜子则犹如热敷垫。

霎那间,我的成见一扫而空。皮鞋看来光亮了;地毯虽然有白醋的味道,但污渍消失了。园子里的爸爸一边品尝伏特加,一边欣赏他的杰作:枯草一堆。虽然难以置信,但爸妈的"土法"似乎十分有效。我们其实不必经常购买什么特效洗涤剂之类的化学品,因为家里已配备不少清洁用品,甚至舒缓背伤的东西也不缺。

我邀请爸妈留下吃晚饭,但妈妈说:"我要回家做色拉,把生菜放入洗衣机里。"我又以为自己听错了,她再次指点我:"把菜放入枕头袋,用绳子把袋口绑紧,连同一条毛巾放入洗衣机。启动后,洗衣机就变成一部巨型色拉搅拌器了。"

5. 苹果里的星星

一个人的错误,有可能侥幸成为另一个人的发现。

儿子走上前来,向我报告幼儿园里的新闻,说他又学会了新东西,想在我面前展示一下。他打开抽屉,拿出一把还不该他用的小刀,又从冰箱里取出一个苹果,说:"爸爸,我要让您看看里头藏着什么。"

"我知道苹果里是什么。"我说。

"来,还是让我切给您看看吧。"他说着把苹果一切两半——切错了。我们都知道,正确的切法应该是从茎部切到底部窝凹处。而他呢,却是把苹果横放着，拦腰切下去。然后他把切好的苹果伸到我的面前："爸爸，看，里头有颗星星呢。"

真的，从横切面看，苹果核果然是一个清晰的五角星状。我一生不知吃过多少苹果，总规规矩矩地按正确的切法把它们切成两半，却从未疑心过还有什么隐藏的图案我尚未发现！于是，在那一天，我的孩子把消息带回家来，彻底改变了冥顽不化的我。

不论是谁，第一次切"错"苹果，大凡都仅出于好奇，或由于疏忽所致。使我深深触动的是，这深藏其中、不为人知的图案竟具有如此巨大的魅力，它先从不知什么地方传到我儿子的幼儿园，接着便传给我，现在又传给大家。

是的，如果你想知道什么叫创造力，往小处说，就是苹果——切错的苹果。

6. 换一种思路

一帆风顺的旅途只能酿就墨守成规的思维，而人生中的捷径从来都是历经颠簸与坎坷之后才赫然出现的。

我的老家在偏远的山村，因盛产板栗而闻名。每到深秋，漫山遍野的板栗挂满枝头。山民最忙碌的日子也随之到来。

因为新鲜的板栗最为抢手，所以谁都希望自家的板栗能够先人一步运到城里，卖个好价钱，竞争自然十分激烈。大家争先恐后地从山上采摘果实，然后运回家里，将刚刚收获的板栗悉数倒出，全家老小围成一圈，依其个头大小进行遴选、分级，再马不停蹄地沿着新修的乡村公路运到城里向外批售，就像是在和时间进行一次赛跑。

尽管每个人都在分秒必争，但他们发现自己始终要比村里的石根慢半拍。每次当他们心急火燎地赶到果品批发市场时，石根却已喜

73

滋滋地开着空车往回返。几年下来，都是如此。人们不禁猜想："咦，这小子难道有啥捷径？"

终于有一天，几个饱尝压价之苦的山民，将笑逐颜开的石根"劫"进了饭馆，向他探询总是抢先一步的捷径。

石根惬意地呷着酒，两眼眯成了一条缝，不以为意地说："咳，俺哪有啥捷径？只不过每次摘完板栗，俺就直接装进麻袋里，撂上车，专拣坎坷不平的山路走，一路颠簸下来，小的就漏到下面，大的便留在上面。这样就……"

一语道破迷津，众人愕然。

7. 把你的智慧打开 1 毫米

美国有一家生产牙膏的公司，产品优良、包装精美，营销额蒸蒸日上。记录显示，前 10 年，每年的营业额增长率为 10%～20%，令董事会兴奋不已。不过进入第 11 年、第 12 年、第 13 年时，营销额则停滞下来，每月大体维持在同样的数字。董事会对此三年的业绩表示不满，召开经理以上的高层会议，商讨对策。

会议中，有位年轻的经理站起来，对总裁说："我有一张纸条，纸条里有个建议，若您采用我的建议，必须另付我 5 万美元。"

总裁听了很生气地说"我每个月都支付给你薪水，另有分红、奖金，现在叫你来开会讨论对策，你还另外要求 5 万美元，是不是太过分了？""总裁先生，请别误会，您支付我的薪水，是让我平时卖力为公司工作，但这是一个重大而又有价值的建议，您应该支付我额外的奖金。若我的建议行不通，您可以将它丢弃，1 分钱也不必支付。但是，您损失的必定不止 5 万美元。"年轻的经理说。"好，我就看看它为

74

何值这么多钱？"总裁接过那张纸条，阅毕，马上签了一张 5 万美元的支票给那个年轻的经理。那张纸条上只写了一句话"将现在的牙膏开口直径扩大 1 毫米"。

总裁马上下令更换新的包装。试想，每天早晚，消费者用直径扩大 1 毫米的牙膏，每天牙膏的消费量多出多少倍呢？这个决定，使该公司第 14 个年头的营业额增加了 32%。

一个小小的改变，往往会引起意料不到的变化。这就是智慧的价值。很多时候，人生也是如此，当你的一切都和别人相差无几时，你唯一可以胜出的也许就是智慧了。

8. 成功在于敢闯禁区

生存压力使职场竞争日益激烈，一个不求上进的人不但不会得到升迁，甚至稍有不慎即被淘汰。那么，什么样的人才是职场的弄潮儿呢？

在一家效益不错的公司里，总经理叮嘱全体员工："谁也不要走进 8 楼那个没挂门牌的房间。"员工牢牢地记住了。

当公司新招聘一批员工时，总经理也向他们做了同样的交代。

"为什么？"这时有个年轻人嘀咕了一声。

"不为什么！"总经理满脸严肃地答道。

回到岗位上，年轻人还在不解地思考着总经理的叮嘱，其他人便劝他干好自己的工作。但年轻人执意要走进那个房间去看看。

他轻轻地叩门，没有反应；再轻轻一推，虚掩的门开了，只见里面放着一张纸牌，上面用红笔写着——把纸牌送给总经理。

这时，闻知年轻人闯入那个房间的人们开始为他担忧，劝他赶紧把纸牌放回去，大家替他保密。但年轻人却直奔 15 楼的总经理室。

当他将纸牌交到总经理手中时，总经理宣布了一项惊人的决定——即刻任命他为销售部经理。

"就因为我把这张牌拿来了？"

"没错，我已经等了快半年了，相信你能胜任这份工作。"总经理充满信心地说。

果然，年轻人把销售部的工作搞得红红火火。

年轻人的成功，源自他颇具魅力的个性：一是不因循守旧，墨守成规；二是善于思考，勇于开拓；三是诚实守信，心胸开阔。这些优秀的素质在一次不经意的考验中被尽情地释放出来。故事告诉人们，只有思想上的绝对禁区，没有行动上的绝对禁区。

总经理说办公室不让进，但并不是进不去。虽然每个人都想知道为什么不让进，但如果不进去是永远不可能知道的。关键是想不想进，敢不敢冲破它。如果像大家一样，一开始就把烦琐的条条框框加在自己身上，年轻人就不敢做"第一个吃螃蟹的人"。

冲破禁区，你就会看到成功在向你招手。

9. 地图的背面

如果一个人是正确的，他的世界就会是正确的。

牧师正在准备讲道的稿子，他的小儿子却在一边吵闹不休。牧师无可奈何，便随手拾起一本旧杂志，把色彩鲜艳的插图——一幅世界地图，撕成碎片，丢在地上，说道："约翰，如果你能拼好这张地图，我就给你 2 角 5 分钱。"

牧师以为这样会使约翰花费整整一个上午的时间，这样自己就可以静下心来思考问题了。

但是，没过 *10* 分钟，儿子就敲开了他的房门，手中拿着那份拼得完完整整的地图。牧师对约翰如此之快地拼好了一幅世界地图感到十分惊奇，他问道："孩子，你怎么这样快就拼好了地图？"

"啊，"小约翰说，"这很容易，在另一面有一个人的照片，我就把这个人的照片拼到一起，然后把它翻过来。我想如果这个人是正确的，那么，这个世界也就是正确的。"

牧师微笑起来，给了小儿子 *2* 角 *5* 分钱，对他说："谢谢你！你替我准备了明天讲道的题目：如果一个人是正确的，他的世界就会是正确的。"

10. 创 新

创新，在一个人的生命当中，是不可或缺的。缺少了创新意识，就丧失了创造辉煌的机会。

多年来，有一家酒店的电梯需求紧张，打算增加一部。于是，酒店请来了建筑师和工程师研究如何增设新的电梯。专家一致认为，最好的办法是每层楼打个大洞，直接安装新电梯。方案定下来后，两位专家坐在酒店前厅谈工程计划。他们的谈话被一位正在扫地的清洁工无意中听到了。

清洁工对他们说："每层楼打个大洞，肯定会尘土飞扬，弄得乱七八糟。"工程师瞥了他一眼说："那是难免的。"清洁工又说："我看，动工时最好把酒店关闭些日子。"工程师说："那可不行，关闭一段时间，别人还以为酒店倒闭了。再说，那也影响收益呀。""我要是你们，"清洁工不经意地说，"我就会把电梯装在楼的外面，那样既有利于工程进度，又不影响酒店的效益。"工程师和建筑师听了这话，相视片刻，不约而同地为清洁工的这一想法叫绝。于是，便有了近代建筑史上的一项变革——把电梯装在楼外。

11. 一定是乐谱错了

知识和真理都是建立在事实的基础上的，在学习的过程中，不要迷信标准答案，要有善于质疑、敢于质疑的精神。

小泽征尔有一次去欧洲参加指挥家大赛，在进行前三名决赛时，他被安排在最后一个参赛。评委给他一张乐谱，在演奏中，小泽征尔突然发现乐曲中出现了不和谐的地方。开始，他以为是演奏家演奏错了，就指挥身边的乐队停下来重奏一次，仍然觉得不自然。这时，在场的权威人士都郑重声明乐谱没有错，而是他自己的错觉。面对几百名国际权威，他不免对自己的判断产生动摇，他再三考虑，坚信自己的判断是正确的，于是大吼一声："不，一定是乐谱错了！"他的喊声一落，评委立即向他报以热烈的掌声，祝贺他夺魁。

原来，这是评委会设计的"圈套"，以试探指挥家在发现错误而权威人士不承认的情况下，是否能坚持自己的判断。

12. 知识是最大的财富

知识就是财富，谁掌握了知识，运用了知识，谁就具备了获得财富的资本。

福特少年时，曾在一家机械商店里当店员，周薪只有 2 美元。他自幼好学，尤其对机械方面的书籍更是着迷。因此，他每星期都花掉生活费来买书，孜孜不倦地研读，从未间断。当他和布兰都小姐结婚时，只有一大堆五花八门的机械杂志和书籍而已，其他值钱的东西则一无所有，但他已拥有了比金钱更宝贵、更有价值的机械知识。

几年后，福特的父亲给他 200 多平方米的土地和一栋房屋。如果他未研读机械方面的杂志书籍，终其一生，也许只是一个平平凡凡的农夫而已。但已具有丰富机械知识、胸怀大志的福特，向他向往已久的机械世界迈进。此时，从书本上得来的知识，便助他开创出一番大事业。

功成名就之后，福特曾说道："积蓄金钱虽好，但对年轻人而言，学得将来经营所必需的知识与技能，远比蓄财来得重要。"

13. 建个"百宝囊"

托尔斯泰是俄国的大文豪，他常常幽默地对别人讲，他有一个贮藏万物的"百宝囊"。他的"百宝囊"是什么呢？就是笔记本。他从来不离开他的"百宝囊"，日积月累，从中变幻出一个又一个动人的形象。为了描写 1813 年战争时期的俄国社会风气，他翻阅摘抄了70 多种包含几百卷的历史著作，连他自己的家也变成了一个藏书万卷的图书馆。

无独有偶，被人们誉为"短篇小说之王"的俄国作家契诃夫，也有一个"百宝囊"，他还向人介绍说，他的"百宝囊"里有整整 100 个题材。

我国大作家老舍先生的"百宝囊"里储存着人物的语言、性格、外貌……写作时需要什么就到这个"百宝囊"里去找，可方便呢！

14. 三个旅行者

三个旅行者早上出门时，一个旅行者带了一把伞，另一个旅行者拿了一根拐杖，第三个旅行者什么也没有拿。

晚上归来，拿伞的旅行者淋得浑身是水，拿拐杖的旅行者跌得满身是伤，而第三个旅行者却安然无恙。于是，前两个旅行者很纳闷，问第三个旅行者："你怎么会没有事呢？"

第三个旅行者问拿伞的旅行者："为什么你淋湿了而没有摔伤呢？"拿伞的旅行者说："下雨的时候，我很高兴有先见之明，撑开伞在雨中大胆地走，衣服还是湿了不少；泥泞难行的地方，因为没有拐杖，所以小心翼翼，就没有跌跤。"

然后，他又问拿拐杖的旅行者："你为什么没有淋湿而摔伤了呢？"拿拐杖的旅行者说："下雨的时候，我因为没有带雨伞，便找能躲雨的地方走，所以没有淋湿；当我走在泥泞坎坷的路上时，我便用拐杖拄着走，却不知为什么常常跌跤。"

第三个旅行者听后笑笑说："这就是为什么你们拿伞的淋湿了，拿拐杖的跌伤了，而我却安然无恙的原因。当大雨来时我躲着走，当路不好时我细心地走，所以我没有淋湿也没有跌伤。你们的失误就在于你们有凭借的优势，有了优势便少了忧患。"

15. 承担起生命的职责

一只雄鸡已经年老，当它奄奄一息快要离开这个世界时，它对守候在身旁的孩子说："孩子，我已经不行了，从今以后，每天早晨

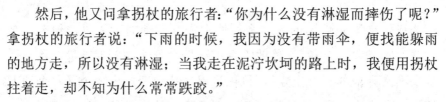

呼唤太阳的职责，要由你来承担了。"

少年雄鸡点点头，伤心地注视着慢慢闭上了眼睛的父亲。

第二天一早，少年雄鸡飞上谷仓的屋顶。它脸朝东方，放开喉咙啼叫。但是，它发出来的却是一种缺乏力量的、时断时续的"嘎嘎"声。

这天太阳没有升起，乌云布满天空，淅淅沥沥的毛毛细雨下个不停。饲养场上的所有动物都气坏了，跑来责怪少年雄鸡。

"真是倒霉透了！"猪叫道。

"我们需要阳光！"羊也叫起来。

"雄鸡，你必须啼叫得更响一些！"公牛说，"太阳离我们有大约 1.5 亿千米远，你的叫声那么细小，它能听得见吗？"

少年雄鸡被大家说得很难过，它下决心一定要练好自己的本领，给家族争光。过了几天，少年雄鸡又一早就飞上谷仓的屋顶。它放开喉咙大声啼叫，这次发出的啼鸣声非常洪亮，在雄鸡啼鸣史上是空前的。

"吵死人了！"猪说。

"耳朵都要被震破了！"羊叫道。

"头都要听炸了！"公牛抱怨说。

"对不起，"少年雄鸡说，"但是我是在尽自己的职责。"

它心里充满了自豪感，它看见了，在那遥远的东方，一轮红日正从丛林后面冉冉升起。

16. 善于融会贯通

莱纳斯·鲍林是美国著名的化学家，他在进入俄勒冈农学院后就非常珍惜所获得的学习机会，勤奋刻苦地学习，不轻易浪费一分一秒，总是如饥似渴地吮吸着各方面所需的知识营养。

鲍林认为：课本上每章每节的知识是分散的、孤立的，要想形成知识体系，课后必须要花时间去整理、总结。通过对所学知识进行概括，可以抓住应掌握的重点和关键。他在学习中十分注意提炼升华，举一反三，力求深刻理解诸多学科的定义、概念及其相互的关系和区别。每学习一个专题，他就要把分散在各章中的知识点连成线、辅以面、结成网，使学到的知识系统化、规律化、结构化。他说："这样运用起来才能连贯畅通，思维活跃。"最后，正是他的这些好习惯助他走上了成功之路。

17. 奇怪的考核

有一家公司的技术研发部需要补充一名普通员工和一名经理。消息在报纸上刊登后，报名应聘普通员工的人非常踊跃。

公司把前来应聘的人安排在会议室，分三天进行三次考试。

第一次考试，名校毕业的小胡便以99分的好成绩排在第一。一位姓李的女孩以95分的成绩排在第二。

第二次考试试卷一发下来，小胡感到纳闷，试题竟然和第一次的完全一样！一开始他认为发错了试卷，但监考人员一再强调，试卷没有发错。既然试卷没有发错，小胡也懒得去想，自信地把笔一挥，还不到考试规定时间的一半，试卷便填满了。小胡把试卷一交，其他应聘的人也陆陆续续地把试卷交了上去。人人脸上都春风得意，显然，个个都认为自己胜券在握。

第二次考试考分一出来，小胡仍以99分的成绩排在第一。而那位交卷最晚的女孩小李以98分的成绩排在第二。

第三天，准时进行第三次考试。

"这次该不会再拿同样的题目给我们考吧？"进考场前，小胡这样想。

试卷一发下来，考场上顿时开了锅，因为试卷和前两次完全一样！

"请安静，安静！大家听我说，这次考题和前两次一样，都是公司的安排。公司怎么要求，我们就怎么执行，如果有谁觉得这种考核办法不合理，你可以放下试卷，我们随时放你出考场。"

监考人员把桌子拍得"啪啪"直响。

众人一看招聘人员非常严肃，只好老老实实低下头答卷。

这次考试更省事儿，绝大部分考生和小胡一样，根本用不着看考题，就直接把前两次的答案给搬上去了。

不到半个小时，整个考场只有那位小李仍托腮拍脑，绞尽脑汁冥思苦想。时而修改，时而补充，直到收卷铃响，才把答卷交了上去。

第三次考分出来，小胡长长舒了一口气。他仍以99分的成绩排在第一，不过这次没有独占鳌头。小李这次也以99分的好成绩和他并列第一，但小胡一点儿也不担心被她挤下来。

第四天，录用榜一公布，小胡傻眼了：上面只有小李的名字，其他人都落选了。

小胡当时就找到人力资源部办公室，他显得异常激动，理直气壮地质问道："我三次都考了99分，为什么不录用我，而录用了前两次考分都低于我的考生呢？你们这种考核公平吗？"

人力资源部负责人笑呵呵地凝视着小胡，直到他心平气和，才开口说话："胡先生，我们的确很欣赏你的考分，但我们公司并没有向外许诺，谁考最高分就录用谁。考分的高低对我们来说的确是录用职员的一个依据，我们正是根据考分来录用员工的。不过，虽然你次次都考了最高分，可惜你每次的答案都一模一样、一成未变。如果我们公司也像你答题一样，总用同一种思维模式去经营，能摆脱被淘汰的命运吗？我们需要的职员不仅要有才华，更应该懂得反思，善于反思、善于发现纰漏的人才能够进步，公司有进步职员才能有发展。我们公司之所以三次用同一张试卷对你们进行考核，不仅仅是考你们的知识，也在考你们的反思能力。因此，你未能被录用。"

18. 叼羊的乌鸦

　　在一棵大树上住着一只乌鸦，一天，乌鸦看见一只老鹰在天上盘旋了一会儿，突然俯冲下去，叼起一只小羊，飞上蓝天，消失在远方，非常潇洒。

　　乌鸦看呆了，口里喃喃自语着："这才是男子汉呢。"它希望自己有一天也能像老鹰一样，于是它开始锻炼。这天，乌鸦觉得自己练得差不多了，准备也像老鹰一样漂亮地叼起一只羊，然后美美地享受。

　　它选好目的地后，盘旋在羊群上空，盯上了羊群中最肥美的那只羊。它贪婪地注视着这只羊，冲天而起，它从没像今天飞得这样高，又以从未有过的速度向羊俯冲过去，抓住那只羊，可是它的力量太小了，根本抓不动羊，反而被羊毛缠住，结果落到了牧羊人手里。

19. 有趣的心理测验

　　一位心理学家想知道人的心态对行为到底会产生什么样的影响，于是，他做了一个实验。首先，他让10个人穿过一间黑暗的房子，在他的引导下，这10个人都成功地穿了过去。然后，心理学家打开房内的一盏灯。在昏黄的灯光下，这些人看清了房内的一切，都惊出一身冷汗。这间房子的地面是一个大水池，水池里有十几条大鳄鱼，水池上方搭着一座狭窄的小木桥，刚才他们就是从小木桥上走过去的。

心理学家问："现在，你们当中还有谁愿意再次穿过这间房子呢？"没有人回答。过了很久，有 3 个胆大的站了出来。

其中一个小心翼翼地走了过去，速度比第一次慢了许多；另外一个颤巍巍地踏上小木桥，走到一半时，竟趴在小木桥上爬了过去；第三个刚走几步就趴了下去，再也不敢向前移动半步。

心理学家又打开房内的另外 9 盏灯，灯光把房里照得如同白昼。这时，人们看见小木桥下方装有一张安全网，只是由于网线颜色极浅，他们刚才根本没有看见。

"现在，谁愿意通过这座小木桥呢？"心理学家问道。这次又有 5 个人站了出来。

"你们为何不愿意呢？"心理学家问剩下的两个人。

"这张安全网牢固吗？"这两个人异口同声地反问。

很多时候，成功就像通过一座小木桥，失败的原因往往不是能力低下、力量薄弱，而是面对困难失去了积极的心态，乱了方寸，慌了手脚，表现出各种程度的胆怯，还没有上场，就败下阵来。

事实上，山不转，路转；路不转，人转。《圣经》上说："当上帝关了这扇门，一定会为你打开另一扇门。"消极者会说："我只有看见了才会相信。"而积极者会说："只要我相信，我就会看见。"积极者采取行动，消极者静止不动。同样的半杯水，消极者说它只有一半，积极者说它已经有一半了。因为积极者往杯里倒水，消极者从杯里取水。

生活就像一场竞赛，我们无法改变它的规则，但我们可以选择以何种心态去对待这场竞赛。

20. 绝不甘心失败

希拉斯·菲尔德先生退休的时候已经积攒了一大笔钱，然而他突发奇想，想在大西洋的海底铺设一条连接欧洲和美国的电缆。随后，他就开始全身心地投入这项事业。前期基础性的工作包括建造1条1609千米长、从纽约到纽芬兰圣约翰的电报线路。纽芬兰644千米长的电报线路要从人迹罕至的森林中穿过，所以，要完成这项工作不仅包括建一条电报线路，还包括建同样长的一条公路。此外，还包括穿越布雷顿角全岛共708千米长的线路，再加上铺设跨越圣劳伦斯海峡的电缆，整个工程十分浩大。

菲尔德使尽浑身解数，总算从英国政府那里得到了资助。然而，他的方案在议会上遭到了强烈地反对，在上院仅以一票的优势获得多数通过。随后，菲尔德的铺设工作就开始了。电缆一头搁在停泊于塞瓦斯托波尔港的英国旗舰"阿伽门农"号上，另一头放在美国海军新造的豪华护卫舰"尼亚加拉"号上。不过，就在电缆铺设到8千米的时候，它突然被卷到机器里面，弄断了。

菲尔德不甘心，进行了第二次试验。在这次试验中，铺到322千米长的时候，电流突然中断了，船上的人们在甲板上焦急地踱来踱去。就在菲尔德先生即将命令割断电缆，放弃这次试验时，电流突然又神奇地出现，一如它神奇地消失一样。夜间，船以每小时6.4千米的速度缓缓航行，电缆的铺设也以每小时6.4千米的速度进行。这时，轮船突然发生了一次严重倾斜，制动器紧急制动，不巧又割断了电缆。

但菲尔德并不是一个容易放弃的人。他又订购了1127千米的电缆，而且还聘请了一位专家，请他设计一台更好的机器，以完成这么长的铺设任务。后来，英美两国的科学家联手把机器赶制出来。最终，两艘军舰在大西洋上会合了，电缆也接上了头；随后，两艘船继续航行，一艘驶向爱尔兰，另一艘驶向纽芬兰，结果它们都把电线用完了。两船分开不到 5 千米，电缆又断开了；再次接上后，两船继续航行，到了相隔 13 千米的时候，电流又没有了。电缆第三次接上后，铺了 322 千米，在距离"阿伽门农"号 6 米处又断开了，两艘船最后不得不返回爱尔兰海岸。

参与此事的很多人都泄了气，公众舆论也对此流露出怀疑的态度，投资者也对这一项目没有了信心，不愿再投资。这时候，如果不是菲尔德先生，如果不是他百折不挠的精神和他天才的说服力，这一项目很可能就此被放弃了。菲尔德继续为此日夜操劳，甚至到了废寝忘食的地步，他绝不甘心失败。

于是，第三次尝试又开始了，这次总算一切顺利，全部电缆铺设完毕，且没有任何中断，几条消息也通过这条漫长的海底电缆发送了出去，一切似乎就要大功告成了，但突然电流又中断了。

这时候，除菲尔德和他的一两个朋友外，几乎没有人不感到绝望。但菲尔德仍然坚持不懈地努力，他最终又找到了投资人，开始了新的尝试。他们买来了质量更好的电缆，这次执行铺设任务的是"大东方"号，它缓缓驶向大洋，一路把电缆铺设下去。一切都很顺利，但最后在铺设横跨纽芬兰 966 千米电缆线路时，电缆突然又折断了，掉人了海底。他们打捞了几次，都没有成功。于是，这项工作就耽搁了下来，而且一搁就是一年。

所有这一切困难都没有吓倒菲尔德。他又组建了一个新的公司，继续从事这项工作，而且制造出了一种性能远优于普通电缆的新型电缆。1866 年 7 月 13 日，新的试验又开始了，并顺利接通、发出了第一份横跨大西洋的电报！电报内容是："7 月 27 日，我们晚上九点到达目的地，一切顺利。电缆都铺好了，运行完全正常。希拉斯·菲尔德。"不久以后，原先那条落入海底的电缆被打捞上来了，重新接上，一直连到纽芬兰。现在，这两条电缆线路仍然在使用，而且再用几十年也不成问题。

天下事最难的不过十分之一，能做成的有十分之九。要想克服困难获得成功的人，尤其要有恒心来成就它，要以坚韧不拔的毅力、百折不挠的精神，排除纷繁复杂的耐性，坚贞不屈的品质，作为涵养恒心的要素。

一个人之所以成功，不是上天赐给的，而是日积月累自我塑造的，千万不能存有侥幸心理。幸运、成功永远只会属于辛劳的人，有恒心不轻言放弃的人，能坚持到底的人。

"冰冻三尺，非一日之寒。"从这个自然现象中就能体现出恒心来，一日曝之，十日寒之；一日而作，十日所辍，成功的概率几乎等于零。

俗话说得好："滚石不生苔，坚持不懈的乌龟能快过灵巧敏捷的野兔。"如果能每天学习 1 小时，并坚持 20 年，所学到的东西，一定远比坐在教室里接受四年高等教育所学到的多。

21. 林中之王

森林里有 3 只凶猛的老虎，一天，由林中动物选出的代表猴子召集大家在一起开会，它要求大家做出一项决定："我们知道老虎是百兽之王，但是我们森林里有 3 只老虎，3 只老虎都非常凶猛。我们应该服从哪只老虎，拜谁为王呢？"

这 3 只老虎知道动物在开会，于是它们也在一起商议："其他动物难以裁决是有道理的，因为这里不能同时有三个林中之王。我们三个也不想拼个你死我活，因为我们是朋友，我们该怎么办呢？"

动物在激烈讨论之后做出决定并通知这 3 只老虎："我们找到了一个非常简单的办法，那就是你们三个比赛爬一座高山，第一个登上山顶者为王。"

全体动物都观看这场爬山比赛。第一只老虎往上爬到一半就下山了；第二只老虎往上爬，爬到一半也下山了；第三只老虎拼命爬，但是山实在太高了，尽管它用尽全力，也没能登上山顶。于是，动物一筹莫展了，议论纷纷，到底该选哪只老虎当王呢？这时一只经验丰富的老鹰说："我知道该拜谁为王。"顿时，山上鸦雀无声，大家安静下来，用期待的眼光看着老鹰。

老鹰说："老虎爬山时，我在天上飞翔，听到了它们与大山的对话。第一只老虎说：'大山，你赢了。'第二只老虎也说：'大山，你赢了。'只有第 3 只老虎说：'大山，你现在暂时赢了，但是你已经不能再长高了，而我还要继续成长，等过一段时间，我一定会征服你的。'"

老鹰最后说："3 只老虎的区别在于第 3 只老虎有王者之风，因为它在失败时不灰心丧气，困难虽大，但它的精神远在困难之上，只有它配称王，只有它配做'百兽之王'。"最后，在动物的欢呼声中，第 3 只老虎被拜为"林中之王"。

22.坚持梦想

在美国，有一位穷困潦倒的年轻人，即使在身上全部的钱加起来都不够买一件像样的西服的时候，仍然全心全意地坚持着自己心中的梦想，他想做演员，拍电影，当明星。他告诉自己："假如我没有找到一份有关演艺事业的工作，我拒绝去打任何一份临时的工作来养活我自己。我拒绝！"

当时，好莱坞共有 500 家电影公司，他逐一数过，并且不止一遍。后来，他又根据自己认真规划的路线与排列好的名单顺序，带着自己写好的量身订做的剧本前去拜访。但第一遍下来，500 家电影公司没有一家愿意聘用他。

面对百分之百的拒绝，这位年轻人没有灰心，从最后一家被拒绝的电影公司出来之后，他又从第一家开始，继续他的第二轮拜访与自我推荐。

在第二轮的拜访中，500 家电影公司依然全部拒绝了他。

第三轮拜访的结果仍与第二轮相同。这位年轻人咬牙开始他的第四轮拜访，当拜访完第 349 家后，第 350 家电影公司的老板破天荒答应愿意让他留下剧本先看一看。几天后，年轻人获得通知，请他前去详谈。

就在这次商谈中，这家公司决定投资开拍这部电影，并请这位年轻人担任剧本的男主角。

这部电影名叫《洛奇》。这位年轻人的名字就叫西尔维斯特·史泰龙。现在翻开电影史，这部叫《洛奇》的电影与这个日后红遍全世界的巨星皆榜上有名。现实生活中，没有人不追求和向往美好。但老天好像就是要与人作对，总是在人生的道路上布满荆棘，总是不让人一帆风顺，各种各样的挫折总是在人不经意间横亘道路上。

天无绝人之路，生活丢给我们一个难题，也会给我们解决问题的能力。

史泰龙能够成功，是因为他坚信人生没有过不去的坎，坚信冬天之后有春天。他在困难面前没有低头，没有被挫折吓倒，而是另辟蹊径，终于迎来了属于自己的成功。

许多人认为坚持是一件很难做到的事情。其实，只要对自己说一句：没有过不去的坎，马上就好了，我完全可以坚持。

我们要经常在难以忍受的时候，提醒自己要学会坚持。军训时，提醒自己：忍一忍，马上就好了。学网球四肢酸痛时，对自己说：不要怕苦，忍一忍就好了。

多少人因为没有忍受而失去良机，多少人因为没有忍受而造成失败。

坚持，是很重要的，不会坚持，不会忍耐，就没有成功的人生。

23. 摔不碎的玻璃杯

一个农民，初中只读了两年，家里就没钱继续供他上学了。他辍学回家，帮父亲耕种三亩薄田。在他 19 岁时，父亲去世了，家庭的重担全部压在了他的肩上。他要照顾身体不好的母亲和瘫痪在床的祖母。

20 世纪 80 年代，农田承包到户。他把一块水洼挖成池塘，想养鱼。但乡里的干部告诉他，水田不能养鱼，只能种庄稼，他只好又把水塘填平。这件事成了一个笑话，在别人的眼里，他是一个想发财但又非常愚蠢的人。

听说养鸡能赚钱，他向亲戚借了 500 元钱，养起了鸡。但是一场洪水后，鸡得了鸡瘟，几天内全部死光。500 元对别人来说可能不算什么，但对一个只靠三亩薄田生活的家庭而言，可是天文数字。他的母亲受不了这个刺激，竟然抑郁而终。他后来酿过酒、捕过鱼，甚至还在石矿的悬崖上帮人打过炮眼……可都没有赚到钱。

35 岁的时候，他还没有娶到媳妇。即使是离异有孩子的女人也看不上他。因为他只有一间土屋，随时有可能在一场大雨过后倒塌。娶不上老婆的男人，在农村是没有人看得起的。

但他还想再搏一搏，就四处借钱买一辆手扶拖拉机。不料，上路不到半个月，这辆拖拉机就载着他冲入一条河里。他断了一条腿，成了残疾。而那拖拉机被人捞起来，已经支离破碎，他只能拆开它，当作废铁卖。

所有人都说他这辈子完了。

但是后来他成了城里一家公司的老总，手中有两亿元的资产。现在，许多人都知道他苦难的过去和富有传奇色彩的创业经历。许多媒体采访过他，许多报告文学描述过他。有这样一个情节——

记者问他："在苦难的日子里，你凭什么一次又一次毫不退缩？"

他坐在宽大豪华的老板台后面，喝完了手里的一杯水。然后，他把玻璃杯子握在手里，反问记者："如果我松手，这只杯子会怎样？"

记者说："摔在地上，碎了。"

"那我们试试看。"他说。

他手一松，杯子掉到地上发出清脆的声音，不但没有破碎，反而完好无损。他说："即使有 10 个人在场，他们都会认为这只杯子必碎无疑。但是，这只杯子不是普通的玻璃杯，而是用玻璃钢制作的。"

这样的人，即使只有一口气，他也会努力去拉住成功的手。

"千淘万漉虽辛苦，吹尽狂沙始到金"。让苦难不再成为屈辱的前提是：坚强面对，不屈不挠，勇于奋斗，最终战胜苦难，而让它成为你人生中真正值得汲取的财富！

24. 垃圾场中建花园

纳克·昌德是印度一个公路巡查工，负责管理的一条公路附近有一个占地3.2千米的垃圾场。随着城市建设的发展，这个垃圾场渐渐成了一座肮脏不堪的垃圾山。

如何改变这座垃圾山呢？他苦思冥想，但总没有好的办法。有一天，他忽然想到："人人都希望有个漂亮的地方，但像我这个两手空空的普通人，又能搞出什么名堂呢？可是我有爱美的天性，总爱创造点美的东西。就让我在人们弃之不要的东西中创造我的美梦吧！"

他说干就干，不怕别人说他异想天开，开始在这个垃圾场中建造花园。他认为这个垃圾场完全具有建成一个理想的岩石花园的先天条件。在这块七高八低的垃圾场底下，有一股注入苏卡纳湖的暗流。地上的小股水流朝着一个方向汇成一条小溪。他就以碎玻璃、陶瓷片及五颜六色的鹅卵石和石块为原料，拼成镶嵌的图案把这块地方打扮起来。

建造的这座花园包括许多层次，按照古希腊厅堂的式样建成的拱廊和弯曲的通道纵横交错，每拐一个弯就迎面给人一种新奇的感觉。巧妙的构思和完美的布局使这些无生命的石块仿佛充满了活力。凡参观过这个垃圾场花园的人，无不惊叹。他一下子就出名了，从一名最普通的公路巡查工，摇身一变而成为一名推销商，经常应邀到外国去举办废品艺术展览。

世界充满了那些追随者、依附者、模仿者，他们喜欢循行旧的轨道，喜欢以他人之思想为思想。但社会所需要的却是那些有创新精神的人，能够离开走熟了的途径而闯入新天地的人——那些离开了先例旧方而医治病人的医师，那些用别出心裁的方法办理讼案的律师，那些把新的理想、新的方法带进教室的教师等。

不要害怕你自己成为"创始人"。不要仅仅做一个人，而要做一个新的人、独立的人。"自然"给予每种东西以特殊的禀赋，每个人都应该以创始的方式来做特殊的事情。假使他去仿效别人，结果一定是不适宜，是失败。

25.变废为宝

美国的小本经营者纽克伦就是凭借创新致富的。纽克伦希望自己的事业能有大的起色，但他一直没有遇到好机会。在一个偶然的机会，他看见几家大开发公司用运垃圾的汽车，把垃圾倒在一个垃圾山里，并付给"收货人"一些"管理费"。

事实上，垃圾已成为令许多企业烦恼的事情，他们都愿意花钱把它清除掉，但它们并不是废物，垃圾中有许多可用之物，只要设法把它们分离并加以处置，就可以把这些垃圾变废为宝。

纽克伦于是转行，决定在尚无人涉及的垃圾再利用领域创出奇迹。就这样，他购买了一块价格便宜的地来堆放垃圾，买了一些垃圾处理设备，雇用了几名工人，他的工作就开始了。

纽克伦的公司没有引起多少人的注意，他每天处理的垃圾量很小。于是，他决定上门服务，这样他争取到了越来越多的厂商送来的垃圾。纽克伦指挥工人把垃圾中的塑料、玻璃片、破布、废金属、化学废渣分别拣出来，送交有关厂家处理，两个月后，经济效益非常明显，他赚了千倍于投资的利润，这一利润比他原来从事小本经营的利润高出*20倍*。

这就是创新，这就是突破：打破思维的惰性，跳出一贯的思维习惯，想别人所不敢想，干别人所不能干，最终打开成功之门！

巴尔扎克说过："艺术家的使命在于找出两种最不相干的事物之间的关系，在于能从两种最平常事物的对比中引出令人惊奇的效果。"这同时也道出了创新的奥妙：看似不合情理，实则相反相成。

著名画家齐白石有句名言："画人所不画，不画人所画。"道出了他作画出新的秘诀，画画如此，创新亦然。

26. 创新让你与众不同

一家公司的贸易业务繁忙，节奏很快，往往是上午对方的货刚发出来，中午账单就传真过来了，随后就是快寄过来的发票、运单等。会计的桌子上总是堆满了各种讨债单。

讨债单太多了，都是千篇一律地要钱，会计常常不知该先付谁的，经理也一样，总是大略看一眼就扔在桌上，说："你看着办吧。"但有一次经理却马上说："付给他。"仅有的一次。

那是一张从巴西传真来的账单，除列明货物标的价格、金额外，大面积的空白处写着一个大大的"SOS"，旁边还画了一个头像，头像正滴着眼泪，简单的线条，但很生动。这张不同寻常的账单一下子引起会计的注意，也引起了经理的重视，他看了便说："人家都流泪了，以最快的方式付给他吧。"

经理和会计心里都明白，这个讨债人未必真的在流泪，但他却成功了，以最快速度讨同大额货款。这是因为他多用了一点儿心思，把简单的"给我钱"换成了一个富有人情味的小幽默、花絮，仅此一点，就从千篇一律中脱颖而出。

27. 杰里米的彩蛋

杰里米一生下来就和别的孩子不一样，他不但身体扭曲变形，反应迟钝，而且身患绝症，病魔一点点地吞噬着他的生命。尽管如此，他的父母仍旧尽最大努力让他过正常的生活，把他送到圣特丽萨小学读书。

杰里米10岁的时候，才读到小学二年级。很显然，他的学习能力非常有限。上课的时候，他在座位上不停地扭动身子，嘴里流着口水，发出"呼噜呼噜"的声音。有时他也能很清楚地说话，就好像有一道亮光洞穿了脑中的重重黑暗，但这种情况非常少而且短暂。大多数时候，杰里米总是会使桃瑞丝·米勒老师发火。

桃瑞丝·米勒老师想，她还有其他18个学生要教，而杰里米会使他们分散注意力、不安心学习的。此外，杰里米根本就学不会阅读和书写，为什么还要在他身上浪费时间呢？然而，她觉得有一种罪恶感笼罩了她的心灵。对杰里米多些耐心吧！"她想。

从那以后，桃瑞丝老师竭力不让自己去注意杰里米制造的噪声和他那呆滞的眼神。不久，春天来了，学生都在兴奋地谈论着即将到来的复活节，桃瑞丝老师发给每个学生一颗硕大的塑料彩蛋，她对学生说："请大家把这个复活节彩蛋带回家去，明天再把它带回来。但要记住的是，明天在把彩蛋带回来的时候，彩蛋里面要放一个能够代表新生命的东西。"

"是。"学生异口同声地答应着，除了杰里米。他的眼睛一刻也没有离开桃瑞丝的脸，他甚至没有像以往那样发出噪声。

第二天早晨，阳光明媚，鸟声啁啾。19个学生兴高采烈地来到了学校，他们把各自的彩蛋放进讲台上的一个大柳条篮子里。数学课上完后，就是打开这些复活节彩蛋的时候了。

在第一颗彩蛋里，桃瑞丝发现了一朵美丽的花。"哦，很好。花儿当然是新生命的象征！"坐在第一排的一个小女孩挥舞着双臂叫道："那是我的！"

接着，桃瑞丝打开了第二颗彩蛋。彩蛋里放的是一只惟妙惟肖的塑料蝴蝶，"美丽的蝴蝶是由毛毛虫长大以后变化来的，因此，它也是新生命的象征。"桃瑞丝又打开一颗彩蛋，里面放着的是一块长着苔藓的小石头。

接下来，桃瑞丝打开了第四颗彩蛋，她一下子惊讶得屏住了气，彩蛋里竟然空空如也！这一定是杰里米的，她想。当然，他根本就不明白她布置的作业。为了不使杰里米感到难堪，她轻轻地把那颗彩蛋放到了一边，伸手去拿另外一颗彩蛋。

突然，杰里米大声叫道："米勒小姐，您不打算说说我的彩蛋吗？"

对于杰里米这冷不丁的问话，桃瑞丝没有任何准备，她惊慌失措地答道："但是，杰里米，你的彩蛋是空的啊！"

杰里米凝视着桃瑞丝的眼睛，轻声地说："是的，但耶稣的坟墓也是空的啊！"

顿时大家都惊呆了，教室里鸦雀无声，时间也仿佛停止了。良久，桃瑞丝才回过神来，她问道："你知道为什么耶稣的坟墓是空的吗？"

"哦，当然知道啦！"杰里米大声说道："耶稣被杀死以后，遗体就放在坟墓里，但是天父又让他复活了！"

每个人都有独特的创造性思维，见人之所不能见，想人之所不能想。我们应该充满信心地去发掘自己的创造能力。

也许你在许多人看来，并没有太多的优秀之处，但在这个世界上，每个人都潜藏着独特的天赋，这种天赋就像金矿一样埋藏在我们平淡无奇的生命中。只有发现自己的能力所在，才能帮助自己挖掘到自身的金矿。

28. 30 年前的梦想

19 岁的伯杰是一个富商的儿子。

一天晚餐后，伯杰正在静静地欣赏深秋美妙的月色。这时候，他发现窗外的街灯下站着一个和他年龄相仿的青年，那青年身上穿着一件破旧的外套，清瘦的身体在昏暗的灯光下显得更加羸瘦。

他走下楼去，问那青年为什么站在这里。

青年满怀忧郁地对伯杰说："我有一个梦想，就是自己能拥有一座宁静的公寓，晚餐后能站在窗前欣赏美妙的月色。可是，这些对我来说太遥远了，简直就是天方夜谭。"

伯杰说："那么请你告诉我，离你最近的梦想是什么？"

"我现在的梦想，就是能够躺在一张宽敞的床上舒舒服服地睡一觉。"

伯杰拍了拍他的肩膀，语重心长地说："朋友，今天晚上我就可以让你梦想成真。"

于是，伯杰领着他走进了堂皇的公寓，然后把他带到自己的房间，指着那张豪华的软床说："这是我的卧室，这是我的床，你在这儿我保证你能舒舒服服地睡上一觉。"

第二天一大早，伯杰就匆匆地起床了。他轻轻推开自己卧室的门，却发现床上的一切都整整齐齐的，分明没有人睡过。伯杰疑惑地走到花园里，他发现那个青年人正躺在花园的一条长椅上甜甜地睡着。

伯杰叫醒了他，不解地问："你怎么睡在这里？"

他睁开蒙眬的眼睛笑着说："你给我这些已经足够了，谢谢……"说完，青年站起身头也不同地走了。

30年后的某一天，伯杰意外地收到一封精美的请柬，一位自称是他"30年前的朋友"的男士邀请他参加一个湖边度假村的落成庆典。

在这里，他不仅领略了典雅、宏伟的建筑，也见到了众多社会高层名流。接着，他看到了即兴讲演的庄园主。

"今天，我首先要感谢的就是在我成功的路上第一个帮助我的人。他就是我30年前的一个朋友——伯杰……"说着，他在众人的掌声中，径直走到伯杰面前紧紧地拥抱他。此时，伯杰才恍然大悟。眼前这位声名显赫的大亨特纳，原来就是30年前那位贫困潦倒的青年人。

在这个世界上，施舍而来的梦想永远只是昙花一现，就像黎明前的黑夜，当霞光越过地平线的一瞬间，就会无声地从你的身边消失。过早到来的梦想，同样也会过早地离你而去。把梦想交给自己，你才是自己生命中永远的主人。

依靠自己的双手和智慧获得一切，这才是幸福，才能得到真正的满足和快乐。孩子，你应该把自己的梦想交给自己，去努力开创真正属于自己的生活！

29. 野心是所有奇迹燃烧的火种

巴拉昂是一位年轻的媒体大亨，以推销装饰肖像画起家。在不到10年的时间里，迅速跻身于法国50位首富之列。1998年，他因前列腺癌在法国博比尼医院去世。临终前，他留下遗嘱，把4.6亿法郎的股份捐献给博比尼医院，用于前列腺癌的研究；另将100万法郎作为专项资金，奖给揭开贫穷之谜的人。

巴拉昂去世后，法国《科西嘉人报》刊登了他的遗嘱。他说："我曾是一位穷人，去世时却是一个富人。在去世前，我不想把我成为富人的秘诀带走，现在秘诀就锁在法兰西中央银行我的私人保险箱内，保险箱的 3 把钥匙在我的律师和两位代理人手中。谁若能回答'穷人最缺少的是什么'而猜中我的秘诀，他将能得到我的祝贺。当然，那时我已无法为他的睿智而欢呼，但是他可以从那只保险箱里荣幸地拿走 100 万法郎，那就是我给予他的掌声。"

遗嘱刊出之后，《科西嘉人报》收到大量的信件，也收到了各种各样的答案。

绝大部分人认为，穷人最缺少的是金钱，除此之外，还能缺少什么？还有一部分人认为，穷人最缺少的是机会，一些人之所以穷，就是因为没遇到良机。另一部分人认为，穷人最缺少的是技能，现在能迅速致富的都是有一技之长者，一些人之所以成为穷人，就是因为学无所长。还有的人认为，穷人最缺少的是帮助和关爱，每个党派在上台前，都给失业者大量的许诺，然而上台后真正关心他们的又有几个？另外，还有一些其他的答案，比如，穷人最缺少的是美貌，是皮尔·卡丹外套，是宽敞的住房……总之，答案千奇百怪。

在巴拉昂逝世周年纪念日，律师和代理人按他生前的交代，在公证部门的监督下打开了那只保险箱，在 48 561 封来信中，有一位叫蒂勒的小姑娘猜对了巴拉昂的秘诀。蒂勒和巴拉昂都认为：穷人最缺少的是野心。

在颁奖之日，《科西嘉人报》带着所有人的好奇，问年仅 9 岁的蒂勒，为什么想到是野心，而不是其他的答案？蒂勒说："每次，我姐姐把她 11 岁的男朋友带回家时，总是警告我说：'不要有野心！不要有野心！'我想：也许野心可以让人得到自己想要的东西。"

巴拉昂的谜底和蒂勒的回答见报后，引起了世界性的震动。一些好莱坞的新贵和其他行业年轻的富翁在就此话题接受采访时，也都毫不掩饰地承认，野心是永恒的生命动力，是使所有奇迹燃烧的火种。

著名作家高尔基说过："我常常重复这一句话：一个人追求的目标越高，他的能力就发展得越快，对社会就越有益。我确信这是个真理。这个真理是我的全部生活经验，是我观察、阅读、比较和深思熟虑了一切之后才确定下来的。"高尔基用自己的一生验证了这段名言。

做高尚的梦，并且飞向你的梦想。你的梦想预示着未来你会成为什么样的人，只要你对自己诚实，对自己的理想诚实，最终你梦想的世界就会变成现实。

30. 脑袋的作用

纽约电话公司的总经理麦卡罗是因小时候被人开过一次玩笑才醒悟过来的。那时，他是一个幼稚的孩子，总是轻易就相信他人。他只知道依靠别人而且绝对地依赖别人，所以他自己从不费力思索，那时他在火车站的车道上做零碎的工作。

那是七月的一个炎热的下午，位于山岩与河流之间的西岸车站热得就好像锅炉一样。有一个名叫比尔哥林斯的工头，叫麦卡罗去拿一点儿"红油"以备点红灯用。他说"红油"在离那儿一里远的圆房子里，麦卡罗很恭敬地听了工头的话，然后一心朝着那个方向走去，以便完成他的任务。到了圆房子里，他就向那里的人要"红油"。

"红油？"那里的职员十分奇怪地问："做什么用的呢？"

"点灯用的。"麦卡罗解释说。

"啊，我晓得了，"那个职员心中明白了，"红油在那个圆房子前面的油池里。"他说道。

101

于是麦卡罗又在那滚烫的焦煤渣路上走了 500 米之远。那里的人告诉他"红油"并不在那里，而且不晓得究竟是在哪里，让他最好到站长的办公室里去问问，于是，麦卡罗又去问站长。在火热的太阳下，他就这么走来走去地走了一个下午。最后他着急了，便跑去问一个年老的工程师，这个慈祥的老工程师很怜悯地望着他说："孩子呀！你不晓得那红光是红玻璃映出来的吗？你现在回到工头那里去和他理论吧！"

那个工头想不到他是和将来纽约电话公司的总经理开玩笑，也想不到这孩子将来手下所雇用的职工有 6 万人之多。麦卡罗得到这次教训后，就发誓以后再不轻易相信他人了。他决心将来做事要把眼睛耳朵打开些，而且脑袋瓜也不能只是用来放帽子的，应该用来思考。

思考会给人以充实感，使人感到自己并没有辜负光阴、辜负人生、辜负生活。这种充实感会产生力量，产生创造崇高业绩的自信力量。

有人说，善于思考的人，且不论精神生活多富有，就是外貌也是美的。这一点不假，你看，专注的神态、明亮的眼睛、富于弹性的面部表情，这不正是思考者的特征吗？

思考，更有一种神奇的效能：当你由于种种原因而无法阅读的时候，或者当你徘徊于江边湖畔，漫步于林中小径，只要你是个有思考习惯的人，你都会开动起你那聪明的思维器官，抓住构成你生命的每一分每一秒。

提倡思考，并不意味着可以放松实践，实践总是第一位的。思考好比播种，行动好比果实，播种愈勤，收获也就愈丰。假如人和自然界一样，也有春华秋实的话，那么，只有善于思考的人，才有可能品尝到金秋的琼浆玉液，享受到大地赐予的丰收的喜悦。

31. 改变习惯

A 公司和 B 公司都是生产鞋的，为了寻找更多的市场，两个公司都往世界各地派了很多销售人员。这些销售人员不辞辛苦，千方百计地搜集人们对鞋的各种需求信息，并不断地把这些信息反馈同公司。

有一天，A 公司听说在赤道附近有一个岛，岛上住着许多居民。A 公司想在那里开拓市场，于是派销售人员到岛上了解情况。很快，B 公司也听说了这件事情，他们唯恐 A 公司独占市场，也赶紧把销售人员派到了岛上。

两位销售人员几乎同时登上海岛，他们发现海岛相当封闭，岛上的人与大陆没有来往，他们祖祖辈辈靠打渔为生。他们还发现岛上的人衣着简朴，几乎赤脚，只有那些在礁石上采拾海蛎子的人怕礁石硌脚，才在脚上绑上海草。

两位销售人员一到海岛，立即引起了当地人的注意。他们注视着陌生的客人，议论纷纷。最让岛上人感到惊奇的就是客人脚上穿的鞋子，岛上人不知道鞋子为何物，便把它叫作"脚套"。他们从心里感到纳闷：把一个"脚套"套在脚上，不难受吗？

A 公司销售人员看到这种状况，心里凉了半截，他想，这里的人没有穿鞋的习惯，怎么可能建立鞋的市场？向不穿鞋的人销售鞋，不等于向盲人销售画册、向聋子销售收音机吗？他二话没说，立即乘船离开海岛，返回了公司。他在写给公司的报告上说："那里没有人穿鞋，根本不可能建立起鞋的市场。"

与 A 公司销售人员的态度相反，B 公司销售人员看到这种状况时心花怒放，他觉得这里是极好的市场，因为没有人穿鞋，所以鞋的销售潜力一定很大。他留在岛上，与岛上人交上了朋友。

B公司销售人员在岛上住了很多天，他挨家挨户做宣传，告诉岛上人穿鞋的好处，并亲自示范，努力改变岛上人赤脚的习惯。同时，他还把带去的样品送给了部分居民。这些居民穿上鞋后感到松软舒适，走在路上他们再也不用担心扎脚了。这些首次穿上了鞋的人也开始向同伴宣传穿鞋的好处。

这位有心的销售人员还了解到，岛上居民由于长年不穿鞋，与普通人的脚型有一些区别，他还了解了他们生产和生活的特点，然后向公司写了一份详细的报告。公司根据这些报告，制作了一批适合岛上人穿的鞋，这些鞋很快便销售一空。不久，公司又制作了第二批、第三批……B公司终于在岛上建立了鞋市场，狠狠赚了一笔。

同样面对赤脚的岛民，A公司销售人员认为没有市场，B公司销售人员认为大有市场，两种不同的观点表明了两人在思维方式上的差异。简单地看问题的确会得出第一种结论，但我们赞赏后一位销售人员，他有发展的眼光，他能从"不穿鞋"的现实中看到潜在市场，并懂得"不穿鞋"可以转化为"爱穿鞋"，通过他的努力，获得了成功。

成功是"想"出来的，只有敢"想"、会"想"，善于思考的人，才会是成功的候选人。我们应该善于思考，争取做到把别人难以办成的事办成，把自己本来办不成的事办成。

人不但要养成思考的好习惯，同时还要扩展思考的范围，建立你的"思维空间站"——开阔思路，扩展思维，这样才会更好地，更大限度地获取有益的信息。我们不仅要善于思考，还要扩展思维，突破局限，敢于思考更多与成功有关的事情。

人的大脑是多元化的，多元化的大脑很适合多元化的思考。然而，我们过去所受的教育，都使我们习惯于"直线式的思考"。直线，或许可以说是 A → B → C → D → E 的依次排序的逻辑。其实，这并不是一种好的思维方法，相比而言，发散性思维在处理各种问题时要迅速和有效得多。

我们只要把直线式的思考方式，改换成人类一向最擅长的"视觉思考""空间思考"即可。

32. 一只纯金猫

保罗和史带芬一同外出游玩。到了目的地后，保罗在酒店里看书，史带芬便来到熙熙攘攘的大街上闲逛，忽然他看到路边有一位老妇人在卖一只玩具猫。

那老妇人告诉他，这只玩具猫是她家的祖传宝物，因为家里儿子病重，无钱医治，才不得已要将此猫卖掉。

保罗随意地抱起猫，猫身很重，似乎是用黑铁铸造的。然而，聪明的保罗一眼便发现，那一对猫眼是用珍珠做成的。他为自己的发现狂喜不已，便问老妇人："这只猫卖多少钱？"老妇人说："因为要为儿子医病，所以 3 美元便卖。"

保罗说："那么我就出 1 美元买这两只猫眼吧。"

老妇人在心里合计了一下，认为也比较合适，就答应了。保罗欣喜若狂地跑回旅店，笑着对正在埋头看书的史带芬说："我只花了 1 美元，竟然买下了两颗大珍珠，真是不可思议！"史带芬发现这两个猫眼的的确确是罕见的大珍珠，便问保罗是怎么回事，保罗把自己买猫眼的事情讲给他听。听了保罗的话，史带芬眼睛一亮，急切地问："那位老妇人现在在哪里？"史带芬按照保罗讲的地址，找到了那位卖猫的老妇人。他对老妇人说："我要买那只猫。"老妇人说："猫眼已经被别人先行买去了，如果你要买，出 2 美元就可以了。"

史带芬付了钱，把猫买了回来。保罗嘲笑他道："兄弟呀，你怎么花 2 美元去买这个没眼珠的猫呢？"

史带芬却坐下来把这只猫翻来覆去地看，最后，他向服务员借了一把小刀，用小刀去刮铁猫的一个脚，当黑漆脱落后，露出金灿灿的黄金，他高兴地大叫道："保罗你看，果不出我所料，这猫是纯金的啊！"

我们可以想象，当年铸这只猫的主人，一定是怕金身暴露，便将猫身用黑漆漆了一遍，就如同一只铁猫了。见此情景，保罗后悔莫及。

史带芬笑道："你虽然能发现猫眼是珍珠，但你却缺乏一种思维的联想，分析和判断事物还不全面。你应该好好想一想，猫眼既然是珍珠做成的，那么猫的全身会是不值钱的黑铁所铸吗？"

由这个小故事，我们可以看到思考的魅力，它将会对个人的发展产生多么大的影响啊！创造性思维是大脑思维活动的高级层次，是智慧的升华，是大脑智力发展的高级表现形态。如果我们在思考问题时，能够运用这样的思维联想方式，那么我们的生活和工作将会变得更加丰富多彩。

正因为思考的神奇魅力，人们才会重视对思维能力的开发，对思想的力量百般倾心。俄罗斯文学家高尔基热忱地鼓励人们进行认真思考，让思想自由腾飞。他深情地讴歌思想的力量，指出："思想时而迅如闪电，时而静若寒剑。只有思想是人的女友，他唯独同她永不分手；只有思想的光焰才能照亮他路上遇到的障碍，揭示人生的谜，揭开大自然的重重奥秘，解除他心中漆黑一团的混乱；思想是人的自由的女友，她到处用敏锐的目光观察一切，并毫不容情地阐明一切；思想把动物造就成人，创造了神灵，创造了哲学体系，以及揭示世界之谜的钥匙——科学。"

33. 一条狗和一只猫

一户人家养了一条狗和一只猫。

狗是勤快的。每当主人家中无人时，狗便竖起耳朵，虎视眈眈地巡视在主人家的周围，哪怕有一丁点儿的动静，狗也要狂吠着疾奔过去，就像一名恪尽职守的警察，兢兢业业地为主人家做着看家护院的工作。每当主人家有人时，它的精神才稍稍放松，偶尔会伏地沉睡。于是，在主人家每一个人的眼里，这只狗懒惰，是极不称职的，便也经常不喂饱它，更别提奖赏它好吃的了。

猫是懒惰的。每当家中无人时，便伏地大睡，哪怕成群的老鼠在主人家中肆虐。猫睡好了，就到处散散步，活动活动身子骨。等主人家中有人时，它的精神也养好了，这儿瞅瞅那儿望望，像一名恪尽职守的警察，时不时地还要去给主人舔舔脚、逗逗趣。在主人的眼中，这无疑是一只极勤快、恪尽职守的猫，好吃的自然给了它。

由于猫的不尽职守，主人家的老鼠越来越多。终于有一天，老鼠将主人家最值钱的家当咬坏了，主人震怒了。他召集家人说："你们看看，我们家的猫这样勤快，老鼠都猖狂到了这种地步，我认为一个重要的原因就是那只懒狗，它整天睡觉也不帮猫捉几只老鼠。我郑重宣布，将狗赶出家门，再养一只猫。大家意见如何？"家人纷纷附和说："这只狗真够懒的，每天只知道睡觉，你看猫，每天多勤快，抓老鼠吃得多胖，都有些走不动了，是该将狗赶走，再养一只猫。"

于是，狗被赶出了家门。自始至终，它也不明白赶它走的原因。它只看到，那只肥猫在它身后窃窃地、轻蔑地笑着。

孩子们，大脑不能只成为摆设，那些没头没脑的凝视者永远只

107

能看到事物的表象。只有那些富有理解力的眼光才能穿透事物的现象，深入事物的内在结构和本质中去，看到差别，进行比较，抓住潜藏在表象后面的更深刻、更本质的东西。

34. 给自己一个悬崖

　　有一个老人在山里砍柴时，拾到一只样子怪怪的、很小的鸟，那只怪鸟和刚满月的小鸡一样大小，也许因为它实在太小了，还不会飞，老人就把这只怪鸟带回家给小孙子玩耍。老人的孙子很调皮，他将怪鸟放在小鸡群里，充当母鸡的孩子，让母鸡养育。母鸡没有发现这些，全权负起一个母亲的责任。怪鸟一天天长大了，后来人们发现那只怪鸟竟是一只鹰，人们担心鹰再长大一些会吃鸡。为了保护鸡，人们一致强烈要求：要么杀了那只鹰，要么将它放生，让它永远也别回来。因为和鹰相处的时间长了，有了感情，这一家人自然舍不得杀它，他们决定将鹰放生，让它同归大自然。然而，他们用了许多办法都无法让鹰重返大自然。他们把鹰带到很远的地方放生，过不了几天，那只鹰又飞回来了，他们驱赶它，不让它进家门，他们甚至将它打得遍体鳞伤……许多办法试过了都不奏效。最后，他们终于明白：原来鹰是眷恋它从小长大的家园，舍不得那个温暖舒适的窝。

　　后来村里的一位老人说："把鹰交给我吧，我会让它重返蓝天，永远不再回来。"老人将鹰带到附近一个最陡峭的悬崖绝壁旁，然后将鹰狠狠向悬崖下的深涧扔去。那只鹰开始也如石头般向下坠去，然而快要到涧底时它终于展开双翅托住了身体，开始缓缓滑翔，然后轻轻拍了拍翅膀，飞向了蔚蓝的天空，它越飞越自由舒展，越飞动作越漂亮。它越飞越高，越飞越远，渐渐变成了一个小黑点，飞出了人们的视野，永远地飞走了，再也没有回来。

其实，我们每个人又何尝不像那只鹰一样，总是对现有的东西不忍放弃，对舒适安稳的生活恋恋不舍？

人在面对压力时会激发出巨大的潜能，因此我们不必因惧怕逆境和挫折而去当温室里的花朵。温室里的花朵固然可以安全、舒适地生活，但人生不可能一帆风顺，一旦逆境来临，首先被摧毁的就是失去意志力和行动能力的温室花朵，经常接受磨炼的人却能创造出崭新的天地，这就是所谓的"置之死地而后生"。

35. 圆　　梦

1967年夏天，美国跳水运动员乔妮·埃里克森在一次跳水事故中身负重伤，除脖子之外，全身瘫痪。

乔妮哭了，她躺在病床上痛苦得不能入睡。她怎么也摆脱不了那场噩梦，为什么跳板会滑？为什么她会恰好在那时跳下？不论家里人怎样劝慰她，亲戚朋友如何安慰她，她总认为命运对她实在不公。出院后，她叫家人把她推到跳水池旁。她注视着那绿盈盈的水波，仰望那高高的跳台。她再也不能站立在那洁白的跳板上了，那绿盈盈的水波再也不会溅起朵朵美丽的水花拥抱她了。她又哭了起来。从此，她被迫结束了自己的跳水生涯，离开了那条通向跳水冠军领奖台的路。

她曾经绝望过。但现在，她拒绝了死神的召唤，开始冷静思索人生的意义和生命的价值。

她借来许多介绍前人如何成才的书籍，一本一本认真地读了起来。她虽然双目健全，但读书也是很艰难的，只能靠嘴衔根小竹片去翻书，劳累、伤痛常常迫使她停下来。休息片刻后，她又坚持读下去。通过大量的阅读，她终于领悟到，许多人残疾了后，却在另外一条道路上获得了成功，他们有的成了作家，有的创造了盲文，有的创造出美妙的音乐，自己为什么不能？于是，她想到了自己中学时代曾喜欢画画，自己为什么不能在画画上有所成就呢？这位纤弱的姑娘变得坚强起来了，变得自信起来了。她捡起了中学时代曾经用过的画笔，用嘴衔着，开始练习。

这是一个多么艰辛的过程啊！用嘴画画，她的家人连听也未曾听说过。

他们怕她不成功而伤心，纷纷劝阻她："乔妮，哪有用嘴画画的，我们会养活你的。"可是，他们的话反而激起了她学画的决心，"我怎么能让家人一辈子养活我呢？"她更加刻苦了，常常累得头晕目眩，汗水把双眼弄得热辣辣地疼痛，甚至有时委屈的泪水把画纸也淋湿了。为了积累素材，她还常常乘车外出，拜访艺术大师。几年过去了，她的辛勤劳动没有白费，她的一幅风景油画在一次画展上展出后，得到了美术界的好评。

不知为什么，乔妮又想学文学。她的家人及朋友又劝她了，"乔妮，你绘画已经很不错了，还学什么文学，那会更苦了你自己的。"她没有说话，她想起一家刊物曾向她约稿，要谈谈自己学绘画的经过和感受，她费了很大力气，可稿子还是没有完成，这件事对她刺激太大了，她深感自己写作水平差，必须一步一个脚印地去学习。

这是一条满是荆棘的路，可是她仿佛看到艺术的桂冠在前面熠熠闪光，等待她去摘取。

是的，这是一个很美的梦，乔妮要圆这个梦。终于，又经过许多艰辛的岁月，这个美丽的梦终于成了现实。1976年，她的自传《乔妮》出版了，轰动了文坛，她收到了数以万计的热情洋溢的信。又两年过去了，她的《再前进一步》一书问世了，该书以作者的亲身经历告诉残疾人，应该怎样战胜病痛，立志成才。后来，这本书被搬上了银幕，影片的主角就是由她自己扮演，她成了青年的偶像，成了千千万万个青年自强不息、奋进不止的榜样。

不管遇到什么难关，我们只能尽量去找出其中好的一面。这样，不论多不好的困境，都会转好。不然，只会让自己一直陷在不幸中。在生活中，如果你没有被逆境吓倒，反而以乐观的态度，把它们想像成理所当然的，那么，你就极有可能把逆境变成顺境的前奏。

孟子云："生于忧患，死于安乐。"忧患和安乐同样是一种生活方式，但一个可以培育信念，一个只能播种平庸。

36.卖　斧　子

美国布鲁金斯学会以培养世界杰出的推销员著称于世。它有一个传统，在每期学员毕业时，设计一道最能体现销售员实力的实习题，让学员去完成。

克林顿当政期间，该学会推出一个题目：请把一条三角裤推销给现任总统。8 年间，无数的学员为此绞尽脑汁，最后都无功而返。克林顿卸任后，该学会把题目换成：请把一把斧子推销给小布什总统。

布鲁金斯学会许诺，谁能做到就把刻有"最伟大的推销员"的一只金靴子赠予他。许多学员对此毫无信心，甚至认为，现在的总统什么都不缺，再说即使缺，也用不着他自己去购买，把斧子推销给总统是不可能的事。

然而，有一个叫乔治·赫伯特的推销员却做到了。这个推销员对自己很有信心，认为把一把斧子推销给小布什总统是完全可能的，因为小布什总统在得克萨斯州有一个农场，里面长着许多树。

乔治·赫伯特信心百倍地给小布什写了一封信。信中说："有一次，有幸参观了您的农场，发现种着许多矢菊树，有些已经死掉，木质已变得松软。我想，您一定需要一把小斧子，但是从您现在的体质来看，小斧子显然太轻，因此，你需要一把不甚锋利的老斧子，现在我这儿正好有一把，它是我祖父留给我的，很适合砍伐枯树……"

后来，乔治收到了小布什总统 15 美元的汇款，并获得了刻有"最伟大的推销员"的一只金靴子。

乔治·赫伯特成功后，布鲁金斯学会在表彰他的时候说，金靴子奖已空置了 26 年。26 年间，布鲁金斯学会培养了数以万计的推销员，造就了数以百计的百万富翁，这只金靴子之所以没有授予他们，是因为学会一直想寻找这么一个人，这个人要不因有人说某一目标不能实现而放弃，不因某件事情难以办到而失去自信。

37. 泅渡生命之河

罗马曾是世界上最强大的城邦。罗马人征服了地中海北岸所有的国家和南岸大部分的国家，同时还占有海中的岛屿和现在属于土耳其的亚细亚部分。

那时 f 岂撒已成为罗马的英雄。他率领大军进入高卢，即现在包括法国、比利时和瑞士的欧洲地区，把高卢变成罗马的一个省。他穿过莱茵河，征服了德国的一部分。恺撒的军队甚至还到达了被罗马人视为蛮荒之地的不列颠，并在那里建立起殖民地。

9 年来，恺撒和他的军队一直对罗马尽忠尽责。但在罗马他有许多敌人，害怕他的雄心壮志，忌妒他的丰功伟绩，每当他们听到有人称赞恺撒为英雄时，便会浑身不自在。

这些人中就包括庞培，他曾经在很长一段时间是罗马最富权势的人。像恺撒一样，他也是一个军队的指挥官，但他的军队并没有赢得人们太多的赞誉。庞培看到，如果不采取行动加以制止，恺撒迟早会成为他的主人。于是，他开始谋划陷害恺撒。再过一年，恺撒在高卢的任期就要结束。大家都认为，他届时将返回意大利并被选为罗马共和国的执政官。那他就会成为世界上最有权力的人。庞培和恺撒的其他敌人决定阻止这件事。他们说服罗马的元老院发出命令，让恺撒离开高卢的军队立即返回罗马。"如果你不服从这个命令，"元老院称，"就将被视为共和国的敌人。"

恺撒知道那是什么意思。如果他单独返回罗马，敌人就会陷害他，如果他不回去，他们就会以叛国的罪名审判他，不让他当选执政官。

他把效忠自己军团的士兵召集起来，把敌人试图谋害他的阴谋告诉了他们。那些跟随他经历无数风险、帮助他取得无数胜利的士兵都宣称不会离开他。他们要同他一起前往罗马，看着他得到应得的奖赏。他们不要军饷，甚至还分担起长途行军的费用。

恺撒的军队扬起军旗向意大利进发。士兵甚至比恺撒更加斗志昂扬，他们为了自己的领袖长途跋涉，不畏艰险。

最后，他们来到一条叫作卢比孔的小河，它是高卢省的边界，另一边就是意大利，恺撒在岸边停了一下。

他知道越过这条河就等于对庞培和元老院宣战，那将使整个罗马陷入纷争，其结果是无法预料的。

"我们还能够回去，"他对自己说道，"我们身后是安全的，但一旦越过卢比孔河，我们就不能再回去，我必须在这里做出决定。"

他没有迟疑太久。他发出命令，勇敢地跃马穿过这条浅浅的小河。

"我们越过了卢比孔河！"当他到达对岸时大声喊道，"就不会再回头。"

这消息一直传到了罗马：恺撒越过了卢比孔河。一路上，每个城镇和村庄的人们都出来欢迎归来的英雄。离罗马越近，他受到的欢迎就越热烈。最终，恺撒和他的军队到达了罗马城门。没有军队出来迎战，恺撒没有遇到丝毫抵抗就开进了罗马城。庞培和他的同伙早已逃走了。

2 000多年来，当人们面临重大抉择的时候，就会想起当年站在卢比孔河畔的恺撒。

勇气，造就了恺撒，也造就了罗马的辉煌。勇气，必将造就未来的你！无论将来是风雨还是彩虹，只要我们心中保持一种纯正的勇气，生命就一定不会因此而气馁。

西方的一位哲人说："迎头搏击才能前进，勇气减轻了命运的打击。"中国也有一句古话"狭路相逢勇者胜"，人的勇气和胆识是在屡败屡战中锻炼出来的，也是自己给自己灌输的。

38. 神奇的力量

有一群师生去春游。他们走了很久的山路，但许多学生还是兴致勃勃、精力充沛。有个瘦小的男生却慢慢落在了后面，看起来心情很不好，后来他看见山边有一只小羊羔。

小羊羔很弱小，落在后面，更重要的是，它的前蹄比其他三只蹄子要短一点儿。男孩定睛细看，原来小羊羔的前蹄被截掉了。

"老爷爷，那只小羊怎么了？"他忍不住问。

老爷爷笑着说："这只小羊啊，有一次，它的蹄子卡在一个石缝里了，我当时没注意，直到第二天才发现少了一只羊，赶快回头找，还好它还在，只是前蹄全坏死了，我只好用刀把坏掉的部分割下来，就成了现在这个样子。村里人对我说，在我们这座山里，羊没有了蹄子，根本没法走山路找草吃，会饿死的，劝我把它杀了。

"我说就让它自己来决定自己的命运吧，如果它通过了，就让它

114

活下来。于是，我把这只小羊放在一条小沟边，沟的另一边放着一堆草，饿了一天的小羊想吃草，但它害怕跃过那条狭窄的沟，因为它一只前蹄使不上劲，就是不敢跳过去，最后，我大吼了一声，'你迈一步试试看呀！'结果，它真的就迈过去了。你看，它现在活得不是挺好吗？一天天长大了。"

小男孩目不转睛地看着那只小羊，它蹒跚地走着，虽然不稳，但很敏捷，嘴里咀嚼着几根嫩草，它似乎很快乐，时不时撒一下欢，往前猛蹿几步，"咩咩"地欢叫着。

老爷爷带着他的羊走了，小男孩坐在石头上，他的心情和几分钟前完全不一样了，他正在做一个一生中非常重要的决定，他的同学已经走远了，他在考虑要不要马上动身去赶上他们。他不能确定是否能赶上，还有点儿害怕那段陡峭的山路，更主要的是，长期的习惯让他一时拿不定主意，使他坐立不安。

最后，他毅然站了起来，用最快的速度向他的同学奔去，当他飞奔时，他是如此的快乐和兴奋，他感觉自己的生命被释放了，充满了神奇的力量，他是如此渴望登上这座山的顶峰，那种从上往下俯看的感觉肯定奇妙无比。

他终于追上了老师和同学，并且一起到达了山顶。

勇气决定命运，跨过去就是坦途人生。许多人在关键时刻失去战胜困境的勇气，最终被困境所吞噬。

39. 创造世界纪录

在法国一个位于野外的军用飞机场上，一位名叫桑尼耳的飞行员正在专心致志地用自来水枪清洗战斗机。突然，他感到有人用手拍了一下他的后背。回头一看，他吓得大叫一声，拍他的哪里是人，一只硕大的狗熊正举着两只前爪站在他的背后！桑尼耳急中生智，迅速把自来水枪转向狗熊。也许是用力太猛，在这万分紧急的时刻，自来水枪竟从他手上滑了下来，而狗熊已朝他扑了过去……他闭上双眼，用尽吃奶的力气纵身一跃，跳上了机翼，然后大声呼救。警戒哨里的哨兵听见了呼救声，急忙端着冲锋枪跑了出来。两分钟后，狗熊被击毙了。事后，许多人都大惑不解：机翼离地面最起码有 2.5 米的高度，桑尼耳在没有助跑的情况下居然跳了上去，这可能吗？如果真是这样，桑尼耳不必再当飞行员了，而应当做一名跳高运动员，去创造世界纪录。

然而，事实并非如此。

后来，桑尼耳做了无数次试验，再也没能跳上机翼。人们越来越怀疑此事的真实性。一位研究人体潜能的专家说："此事完全有可能发生。人在遇到危急情况时，体能会分泌一种奇异的激素，此激素能激发出人体所潜藏的超常能力。情况越危急，潜能越易发挥，而在平常情况下，潜能皆处于沉寂状态。"

一个体力平常的人，在被催眠以后，有人把他的头和脚搁在两只椅子的边上，而身体悬空着，这时让六七个人站在他身上，而他竟能支撑得住。然后在他的身上搁了一块木板，让一头牛站上去，他竟然也能支撑得住。这都是由于人心灵深处的潜能被激发所造成的奇迹，正常情况下，一个人是绝不能支持 400 多千克的重量的，但是在催眠状态下，他竟然毫无困难地做到了。

那么，这种力量源于什么呢？当然不是来自催眠家，催眠家的作用仅在于把被催眠者的力量从其身体里激发出来。这力量不是来自外部，它潜伏在人的身体里面。

40. 小熊买瓜

夏天到了，太阳公公把大地烤得像着了火似的。熊妈妈忙东忙西地在家收拾屋子，可熊妈妈的两个儿子大懒和小馋却什么都不干，在大树下乘凉，还总喊："热……"

弟弟小馋说："这么热的天，吃上一块儿西瓜该多美呀！"大懒也附和道："是啊！弟弟，你去买个西瓜吧！"两只熊都想吃西瓜，可是，都懒得去买。小馋说："你比我大，你应该去。"大懒说："你跑得比我快，你应该去。"妈妈说："别吵了，你们俩一起去买，谁要偷懒就别吃西瓜。"两只小熊都想吃西瓜，于是，一块儿买西瓜去了。

到了瓜园，兄弟俩挑了一个又大又圆的西瓜，交了钱，大懒抱起西瓜往家走。刚走出瓜园，大懒就"哎哟哎哟"地叫起累来，他要小馋抱西瓜。小馋不得已便抱起了西瓜。可是走了没多远，他又让大懒抱。他们站在那儿谁也不想抱，突然，西瓜掉到了地上，朝前滚了几步停住了。大懒和小馋一看，"嘿，有办法了，可以把西瓜滚回家去。"于是，他俩我踢一脚，你推一把，让西瓜不停地往前滚，不一会儿就回到了家。一进门，他们就大喊："妈妈，我们把西瓜买回来了，快拿刀切开让我们尝尝。"

兄弟俩瞪大眼睛，咽着口水，看着妈妈洗瓜、切瓜。可是当妈妈切下去，只听"哗啦"一声，红红的西瓜水溅了一地，大懒和小馋一看，全都傻眼了。唉！只怪他们懒，在地上滚着西瓜走，两兄弟现在后悔也来不及了。

41. 鲤鱼跳龙门

在鲤鱼家，鲤鱼奶奶特别爱讲故事，每天她都给鲤鱼讲故事，小鲤鱼就是在美丽的故事的陪伴下长大的。一天，一群顽皮的鲤鱼正在大河里玩耍，领头的鲤鱼记得奶奶讲过，在大河和大海的交界处矗立着一座龙门，谁能跳过去，谁就可以变成一条大龙。大家便决定一起去跳龙门。

大家朝着龙门的方向游着游着，发现河面变宽了，河水也变深了。领头的鲤鱼奋力一跳，高兴地叫起来："我看到龙门啦！"其他鲤鱼也都跳了起来，只见那个高大的龙门像一座桥，上面还插着许多红旗。

他们都相信，这就是真的龙门，可是谁能跳过去呢？领头的鲤鱼想先试一试，他像箭一样地冲向龙门，然后猛地跃起，可离龙门还差好远呢！这时，他被一股强大的水流冲进了龙门旁边的一个长洞里，并随着水流游到了洞外。

鲤鱼浮出水面，发现两岸有粉红色的桃花和碧绿的柳树，岸边还长着许多水草。接着，他的小弟兄们也都勇敢地冲了过来。最小的鲤鱼问："咱们都过了龙门，怎么没有变成大龙呢？"

正在大家都觉得奇怪时，一只小鸟飞来了，领头的鲤鱼就游过去问："小鸟姐姐，我们都跳过了龙门，可我们为什么没有变成大龙呢？"小鸟听后笑了，她说："这里不是龙门，这里只是一个大水库，再说即使这里是龙门，跳过去也不会变成大龙，那只是一个美丽的传说。"

鲤鱼们听了都点点头，仿佛真的明白了似的。

42. 瓜瓜脸红了

有个小朋友，他生下来的时候，胖墩墩、圆滚滚的，就像个西瓜。于是，爸爸妈妈便叫他"瓜瓜"，瓜瓜可爱吃西瓜了。

一天，天热极了，瓜瓜又要吃西瓜。妈妈拿出一个小西瓜，对瓜瓜说："先吃这个，一会儿外婆要来，会给你带个大西瓜哩！"

瓜瓜拿起一块儿，咬了一口。哎，一点儿也不甜。他吃完一块儿，心里生着气，一甩手，把西瓜皮从窗口扔了出去，掉在胡同里的路上了。剩下的几块儿，瓜瓜也扔到了窗外。要是外婆真的带个大西瓜来，那该多好啊！于是，他就趴在窗台上，一个劲儿地往胡同口望着。哟！来了个人，慢慢地走近了，是一位老奶奶。没错儿，是外婆来了。真的，还抱着一个大西瓜呢！

瓜瓜大声嚷嚷："外婆，我来接你。"说完就连蹦带跳跑下楼。外婆听见了，心里一高兴，加快了脚步。走到垃圾箱旁边，不小心，一脚踩在西瓜皮上，滑了一跤，手里抱着的大西瓜摔了个粉碎。

瓜瓜出了门，看见外婆坐在地上，连忙跑去把她搀起来。他心想：该死的西瓜皮，哪个坏蛋扔的。咦，西瓜皮怎么这么小——坏了，这不就是他自己扔的吗？

瓜瓜吐了吐舌头，赶忙把摔破的西瓜扔到了垃圾桶里。

外婆见瓜瓜这么乖，就不停地夸他是个好孩子。瓜瓜的小脸红红的，他看了看外婆，一句话也说不出来。

43. 甘甜的不只是井水

在通往某旅游区的路旁，住着一位心地善良的老人。老人有一口井，据说那口井打到了泉眼上，不仅水量充裕，而且特别地清澈、甘甜，来往的过路人喝一口他的井水，总忍不住要喝第二口。

在旅游的旺季，那些来自远方城市的各种车辆，总会在老人的小屋前停下来。那些游客中偶有一人喝了老人的井水，总会惊讶地大声呼唤同伴快来品尝。

于是，众人就拥到老人的井旁，痛快地喝着井水，不住地赞叹说那井水比他们随身携带的高级饮料还好喝。有的游客干脆倒了饮料，灌上井水；有的游客喝完觉得不过瘾，就向老人借个壶装上满满的一壶井水，带在身上。

老人看着那些城里人畅快地饮着井水，听着不绝于耳的赞美，心里美滋滋的，嘴里不断地让着："好喝，就多喝点儿，这井水喝不坏肚子，还能治病呢！"

看老人如此热情，又听说井水还能治病，游客喝得更来劲儿了。有不少人临走时，还没忘了用大壶小桶装得满满的，说带回去给家里人尝尝。

游客中有人就嬉笑说："老人家，喝你的井水，你应该收费啊！"

老人就摇头："喝点儿水，还收什么费呢？愿意喝，你们就管够喝。"

看到老人如此慷慨，很多游客就把身上带的好吃的、好喝的，争着、抢着往老人手里塞，说让老人品尝品尝他可能没吃过的城里带来的东西。

　　老人一再推让不得，就像欠了游客许多似的，忙着跑到园子里，摘些新鲜的瓜果塞到大家兜里，看着他们高高兴兴地吃着、喝着，他也兴奋得跟过年似的。

　　就这样，不知不觉过了好几年，老人和他的那口井不知接待了多少游客。

　　有一年，老人病了，被他的儿子接到县城里了，他的一个侄子来替他看屋。

　　游客又来喝井水了，他的侄子见此情景，觉得发财的机会到了，就灌了许多瓶井水，摆放在路口，标价出售。

　　奇怪的是，竟无人问津。

　　老人的侄子就埋怨："这些城里人真抠，光想不花钱喝水。"游客则议论纷纷："井水都拿来卖钱了，这人挣钱也真是挣绝了，再说他那瓶子干净吗？水里放别的东西了没有？"

　　于是，老人的小屋前，再没了往年热闹的场面，人们下车也只是方便方便，没人去讨水喝，更没有人给老人的侄子送东西了。似乎人们忘了或根本不知道眼前还有一口清泉，那清澈、甘甜的井水，足以让人陶醉。

　　老人病好归来后，又开始免费供应井水，前来喝水的游客又渐渐地多了起来，游客纷纷地给老人带来很多物品，有的还很贵重，老人推都推不掉，还有不少人真诚地邀请老人去城里做客……

　　道理就这么简单：一样清澈、甘甜的井水，慷慨地馈赠，得到的是真诚的感激和酬谢；而一味地贪图回报，则收获的是无端的怀疑和必然的冷落。如那句俗语所言"送人玫瑰，手有余香"，多给他人一些滋润，自己也必将得到滋润。

44. 说实在话

　　宋朝时候，有一个神童叫晏殊。他从小天资聪颖，加上受到良好的家庭教育，从牙牙学语时，就听懂了《三字经》《千字文》之类的蒙学读物；五六岁时，便开始熟读儒家经典，能写文章，作诗赋。在 7 岁时，被举为"神童"。

　　晏殊超人的聪明传到皇帝宋真宗那里，破格准让晏殊参加进士科考试，与举人们共同殿试。考进士，当时也称之为"殿试"，是由皇帝亲自出题的最高一级的考试。谁料，在殿试中，14 岁少年晏殊竟然率先交卷，且文章出众，脱颖而出。真宗喜出望外，破例赐予他同进士出身。

　　宋代进士科考试，要先考诗、赋、论，合格之后，方能参加殿试。而晏殊为了证明自己确有真才实学，向皇帝提出进行单独补试。宋真宗正担心孩子的文章有偶然性，便欣然同意。

　　两天之后，"赋"试题目发了下来，晏殊一看，此题太熟，就对皇帝说：

　　"万岁，这赋我已经做过多遍，草稿还在。请换个题目。"

　　宋真宗闻听此言，不由得喜上心头，觉得这孩子太诚实可爱了。

　　考试完毕，晏殊交上答卷，宋真宗一看，果然文笔流畅，字句工丽，对晏殊赞不绝口，说他人小才高品德好，将来一定是国家的栋梁。于是，便委派他担任秘书省正字，同时让他在"秘阁"读书。晏殊如鱼得水，长了不少见识。

　　俗话说：疾风知劲草，路遥知马力。一个人的品德才学，不是短时间就能定论的。因此，宋真宗密派史馆官员陈彭年时刻关注小晏殊的行踪爱好。晏殊不失皇帝所望，对自己要求极其严格，每天都埋头读书，孜孜以求，待人谦和，择友慎重。宋真宗更加喜爱这小小的少年，还不时给予奖励。

恰巧，此时东宫缺少一名官员，是陪太子读书的官员。皇帝亲自点名晏殊去陪太子。

圣旨一下，上上下下不少人担心让晏殊陪太子读书会误国事。认为太子是未来的皇帝，应派一位德高望重、满腹才学的长者去引导太子、教导太子。晏殊虽才高八斗，但毕竟是个小孩子，孩子见孩子，还不玩个天翻地覆！明天的国家如何治理？

皇帝看透了官员的心思，就直截了当地说：

"我已经观察晏殊多日，他虽年幼，但却谨慎、厚道、喜欢读书，很有才学，不随便与人交往；更不像史馆、秘阁的其他官员，一个个不是赏花游玩，就是举行宴会，不思进取。派晏殊到东宫去任职，我是很放心的。"

按常规，一般人听到皇帝的称赞，就马上磕头谢恩，但晏殊却对宋真宗说：

"万岁，小臣也并非不想到郊外赏花游玩和参加宴会，只是因为手中的钱少不能那样做。如果我有许多钱的话，大概也会游玩赏花和举行宴会的。"

晏殊这番话，既说明了自己的实际情况，又为其他官员开脱，使他们不至于太难堪；而真宗皇帝听了，不但不生气，反倒认为这孩子诚实，不说假话，因此，对他更加信任和关照。

晏殊到了东宫，性格仍然十分耿直，与当时同在东宫的蔡伯郗成为鲜明对照。蔡伯郗与晏殊年龄相仿，也是个神童。但他没有真才实学，一生中一无建树，只能靠拍马献媚勉强维生，处处是一副奴才相。最后，只能落得个潦倒终生。

太子心中也明白，晏殊为人正派、诚实、谦逊，与蔡伯郗人品不同。所以，在他即位后，特意委任晏殊为当朝宰相，而让蔡伯郗当了个一般的官员。

45. 揭开冰川神秘的面纱

据说有一牧羊人在一条冰川边小憩，他随手把已戴破的帽子扔在冰川上，就离开了。几个月以后，这位牧羊人又回到了老地方，这时候，他惊奇地发现被他扔掉的那顶破帽子已不在原处，而是在下游方向，离原处有一段距离。此时，这位牧羊人才意识到眼前这巨大的白色冰体不是停滞不动的，而是以很缓慢的速度向下移动。也就是说，冰川移动得很慢，以至于长期以来，人们一直以为它是不动的。

不同地理环境下发育的冰川，其移动速度往往有很大的差异。在美国西部、挪威中部、冰岛南部、新西兰西部等地，降雪量比较大，气温也不是很低，使得冰川底部与岩石基底之间有水膜存在，利于冰川下滑。这一类冰川移动较快，大约每天下移 1 米。新西兰西部有一条叫作弗兰茨·约瑟夫的冰川，其下移速度达到每天 5 米。但是，即使是这种移动较快的冰川，人们也很难用肉眼觉察它的移动。因为每天移动 5 米大约相当于每分钟移动 0.35 厘米，这种移动速度是难以凭肉眼看出来的。

在加拿大的北部地区和格陵兰岛，降雪量少，冰川的补给不足，加上这里气温低，冰川因而也大多成为冷性基底冰川，即冰川底部与岩石基底之间无水膜存在。这一类冰川移动十分缓慢。例如，在巴芬岛上有一条冰川，它每年只移动 3.5 米。这种移动速度更是难以用肉眼觉察到的。

有一些冰川偶尔会有一种特殊的快速运动，叫作"冰川跃动"。冰川跃动速度可达一般冰川移速的 10～100 倍。有人还记录下冰川一天移动 350 米的速度。对冰川的这种急冲运动的成因，科学家至今还不是十分清楚。人们发现，发生跃动的冰川，其上游往往有一个堆积大量冰的存冰库。在一定的情况下，存冰库内的冰体变得不稳定，于是就快速向下运动而形成冰川跃动。也有人认为，某些冰川在冰川底部与岩石基底之间原先是没有水膜的，后来由于温度上升，它们之间形成水膜，突然之间使冰川底部变得比较润滑，使冰川快速下移。这种快速下移又产生较多热量，结果造成水膜更强的润滑作用，最后便产生了冰川跃动。还有人认为，地震是冰川跃动的触发因素。因为地震引起了雪崩，大量的冰雪降落在山谷冰川内，引发了冰体快速下移。冰川跃动十分壮观。冰体会发生强烈的断裂，形成许多杂乱地堆在一起的碎冰体，它们轰鸣咆哮地向下运动。不过，这种情况并不多见。

在极地地区，人们有时还会有幸见到巨大的冰川体崩落到海中的壮观景象。一开始，冰川内部会发出一种奇怪的低沉的声响，就像冰川在漫长的地质年代里为自己寂寞孤单的一生发出深沉的叹息。后来，巨大的冰川体与原冰川断开，随着一声巨响，冰川体崩落到海中，而那轰鸣声还会在山谷间回荡不息。

冰川是自然界的大力士，它能够搬动非常大的岩块。在喜马拉雅山中，有直径达到 28 米、重量超过万吨的巨大岩块曾被冰川搬动。

冰川对地表的侵蚀作用也是十分惊人的。当冰川在山谷里向下运动时，它强烈侵蚀山谷的两侧，使它们变得十分陡峭，最终使山谷的横剖面呈 U 形，这就是人们常说的 U 形谷或冰川槽谷。冰川在移动过程中，冰川底部携带着岩石碎块对地表进行强烈的刨蚀作用。一些岩性较软弱的低洼地，受此刨蚀，形成较大的湖盆。冰川后退时，冰水在湖盆中聚积，便形成湖泊。

芬兰是北欧的一个国家，有"千湖之国"的美誉。这里湖泊星罗棋布，湖泊四周多有绿树环抱。树环绿水，水映绿树，一派宁静秀美的景色。其实，芬兰的湖泊远不止 *1 000* 个，它共有大大小小的湖泊 *6* 万多个！为什么芬兰有这么多的湖泊呢？

在第四纪冰期，全球气候寒冷，冰川覆盖范围相当大。芬兰地区受到冰川作用的强烈影响，其众多的湖泊主要是由冰川作用造成的。北美洲的五大湖面积很大，总面积达到 *24.5* 万平方千米，与英国国土的面积差不多。五大湖总蓄水量有 *2.21* 万立方千米，相当于密西西比河径流量的 *40* 倍。这五大湖的湖盆，也主要是由冰川刨蚀而成的。

当冰川消融时，被冰川所搬运的大量碎屑物质就在原地堆积下来，形成冰碛地貌。冰碛丘陵是冰碛地貌之一，它高几十米至百余米。当冰碛物质在山谷内堆积时，它会使山谷底部变得高低不平，低凹处会积水成湖。

冰川就像大自然的雕刻师，对不少地方的地表进行着雕刻。种种冰川地貌，也似乎向人们叙述着当初冰川对地表的各种不同作用。

46. 大脑无线电广播

大雨哗哗地下。雷声隆隆地响。整座山头像是被浓雾包围住了，阴沉沉的。

骆驼峰上的飞龙洞里，蹲着两个躲雨的少年，一个叫大牛，一个叫火生。这两个人，满脚是泥，光着上身，打湿了的衣服晾在一块干石头上，旁边还有两个沉甸甸的背包，背包里尽是些小石头。

大牛蹲了一阵，朝洞外看着，说道："雨还那么大，大概不会停了。"火生说："今天再不能采标本啦。待在这儿干什么呢？还是让我跟爸爸联系一下。"

"哈哈……哈哈哈"，大牛大声笑了起来，"你呀，又没有无线电话，怎么联系呢！现在，除了我们两个，大概谁也不知道咱们躲在飞龙洞里。咱们真像个探险家。"火生听着没有作声。他想，爸爸早上嘱咐过，有什么事，就静静地想想，一个字一个字地想，爸爸就能知道我发生了什么事。这叫什么大脑广播，是最近试验成功的。

"我说大牛，你别吵，让我试试那个大脑广播，行不行啊？"

"什么叫'大脑广播'，听我的。"大牛干咳了两声，咽了一口口水，拉长了嗓子，嚷了起来，"大脑广播电台现在开始广播。我们是龙虎山小学标本队。当我们接近最高峰的时候，突然遭到暴风雨的袭击，不得不停止前进。现在，十三级暴风还没有停止……"

"大牛，大牛，你怎么搞的。最大最大的风也只是十二级，哪儿来的十三级暴风。"火生打断了大牛的"广播"。

"怕什么，反正谁也听不到我的广播，"大牛停了一停，仍然拉长嗓子喊叫，"大脑广播电台。骆驼峰消息：标本队员两人被暴风雨围困在飞龙洞里，等待救援。要是大雨下个不停，队员准备在飞龙洞里住上一夜……"

"大牛，别开玩笑啦。说正经的，今天晚上回不了家，让你住在这儿，你还不敢呢！还是静一静。让我来跟爸爸联系联系。"

"好吧。"大牛终于停止了"广播"。但是，只停了一会儿，又说起话来，"你爸爸说的那个大脑广播，太玄了，我又有点不大相信。先别说别的，我就不相信大脑里有电。"火生笑着说："前些日子，我的病——'羊角风'忽然又发作了，我上医院去看病，张大夫给我做了个什么脑电图检查。真有意思，他在我的脑门上装了几个电键，电键后面接着电线，电线通到一支笔上。结果笔就在纸上画了个'图'。"

大牛好奇地问："什么图？"

火生说："哦。这不是真的图，是一条条曲线。张大夫说，要用脑子里发出来的电流，在纸上画出些曲线，从那些曲线就能看出脑子有没有病……"

"脑子里真有电！有点意思。"

"那么说，你相信人身上有电啦。"火生把头伸出洞外看了看天，雨还下着呢，他回过头来对大牛说，"你先等等，一会儿我给你讲个故事，可现在你得安静下来。我来试试。"

洞里难得地平静了下来。两个人默默地坐在那儿，火生这时集中地想着一件事，该给爸爸广播了。他在心里拟好草稿，默默地说："爸爸，我和大牛在飞龙洞躲雨，雨老下个不停，请您派架直升机来接我们。您要不来，我们今晚只好住在洞里。"

大牛乖乖地坐了一阵，也不见火生说一句话，猜不透他在想些什么，实在闷不住，终于张嘴了："喂，你说的要讲个故事。"

火生接着说："好吧，你听着，这可是我亲眼看见的。有一天，我有事去找爸爸。推开爸爸办公室的门一看，一个人也没有。我想，他大概一会儿就能回来，就坐在那儿等，等着等着，我突然听到一阵沙沙响的声音。顺着声音看过去，怪啦，好像有一只手在那儿移动。再细细一看，那是只金属做的手，沙沙沙地在纸上写字。这多怪呀，旁边没有什么人，那只金属手却会自己动起来，而且还写出一手挺漂亮的字，那纸上写的是'利用生物电来指挥机器，是自动化的好办法。'我看迷了，看来看去，还是看不懂那只手是怎么动起来的。后来，我才知道，当时爸爸正坐在隔壁房间里，在指挥这只手呢！"

"他怎么指挥的？"

"他脑子里想着要写什么字，那只金属手就会把这些字写出来。"

大牛听着更奇怪了："这是怎么回事？"

"爸爸说，每个人身体里都有电，叫作生物电。大脑在想事的时候，会发电，电流通过金属手，金属手就会把大脑想的字写出来。从那以后，我才知道，人的身体还是部挺复杂的发电机呢！"

"有趣，有趣。照你那么说，世界上真有大脑广播电台。嗨，让我来正正经经地广播一下。大脑广播电台，大脑广播电台……"

"大牛，你那个广播，谁也收不到。你没有这个。"火生说着，指指头上戴的帽子。那顶帽子看起来像顶钢盔，后面还直立着一根金属棍，戴在头上显得很有精神，"这是爸爸让我戴着的。他说戴着这顶帽子，我想什么事，他全知道。你整理整理矿石标本吧，别说话。让我再想一想，也就是再广播一次。"

大牛打开背包，去整理标本。火生先定了定神，又开始想了起来："爸爸，我和大牛在飞龙洞躲雨，雨老下个不停，请您派架直升机来接我们，您要不来，我们今晚只好住在洞里。"

过了一阵子，忽然听见噗噗噗的声音，一阵比一阵响。两个人披上衣服，急忙往外跑，朝天上看去，啊，一架直升机来了。这是爸爸常坐的"全天候"直升机，什么风呀，雨呀，雷呀，黑夜呀，它全不怕，什么天气都能飞。

直升机在天上飞，大牛他俩在地上跑，手里拿着红领巾在头顶上挥动。直升机停在天上不动了，扔下来一副绳梯，大牛像猴子似的，一下就爬上绳梯，钻到直升机里。火生收拾了一下背包，这才爬上飞机。

"爸爸。您收到我们的广播了吗？"

　　"收到了，"爸爸从提包里摸出一个小机器，外表活像架照相机。他说，"这是架特制的接收机，你们那儿一'广播'，它就能收到，好像你在跟我讲话一样。而且它还能把声音录下来，随时都能放出来再听。你们听，这是不是火生刚才想的事？"

　　爸爸打开收音机，重新广播了刚才收到的大脑广播："爸爸，我和大牛在飞龙洞躲雨，雨老下个不停，请您派架直升机来接我们，您要不来，我们今晚只好住在洞里。""真灵，大脑也能广播。这是不是利用生物电？"大牛惊奇地问。

　　"是的。不过，说得准确点是生物无线电。我们的大脑里，不但有生物电，而且在想事的时候，还像个小小的无线电台，往外发射无线电波。我用接收机把你们大脑发出的无线电波接收下来，就知道你们在想些什么事了。"

　　"大脑是座电台，那干吗火生广播的时候，还要戴那顶帽子？"

　　爸爸说："大脑电台的无线电波太弱了，很难接收。戴上帽子，它会把无线电波放大，这样才能收得到。"

　　"哦，原来是这样。"大牛说完话，急忙把火生头上那顶帽子抢过来戴在头上。"我来试试。"于是，他在默默地说："大脑广播电台，现在开始广播。龙虎山的标本队员已经安全脱险，在暴风雨中登上直升机，顺利返航。"这时，在爸爸的小机器里，已经把这些话记录了下来。火生笑了笑说："你的广播，现在真有人收听啦。"

47. 人鱼传说新传

　　天暗下来了，乌云似千军万马般在天边翻涌。大海像被谁激怒了似的咆哮起来，"咔嚓""轰隆隆"闪电交加，紧接着雨"唰——"地倾泻下来。一场暴风雨降临了。

过了整整一个上午，暴风雨才平息下去，风浪把许多海里的生物抛上海岸，有的已经死了，还有一些在岸上挣扎着。

从海边最大的一块礁石后面转出一个身材匀称的英俊小伙，他全身赤裸着，身上披满细细的鱼鳞，闪着丝丝的蓝光。他的手像青蛙爪一样，手指长长的，绿色的脚上长着鸭子似的蹼，仔细辨认，还可以发现他的耳朵下面有两张薄片，好像是鱼鳃。他，就是附近渔民盛传的"海魔"，水陆两栖人伊赫季安德尔。有时他会帮助人，有时他又会伤害人，更不可思议的是，他会说一口流利的西班牙语。

"海魔"伊赫季安德尔沿着海岸徘徊着，搭救可以救活的动物。他看到被扔进水里的鱼快活地摇着尾巴，心里非常高兴。在岸边捡着大鱼的时候，他把它抱到水里。鱼在他怀中扑腾，他就哭起来，劝它别害怕，再忍耐一会儿。

最后的阳光消失了。西方还有一抹暗淡的晚霞，晦暗的波浪仿佛深灰色的影子般一个追着一个奔过来。伊赫季安德尔玩累了，准备回城堡去。突然，他发现前面的沙滩上还躺着什么东西。

走近一看，他发现那是一位昏死过去的漂亮姑娘。伊赫季安德尔立刻背着姑娘上了岸，把她抱到灌木丛背后的阴影里，用手做人工呼吸，使她恢复了知觉。

他觉得姑娘的眼睑似乎颤动了一下，睫毛也微微动起来，他把耳朵贴近姑娘的心脏，听到微弱的跳动声。"她还活着……"伊赫季安德尔快乐得叫出声来。等到发现姑娘没什么危险以后，他又跳回大海，游回城堡。

伊赫季安德尔住在"天神"萨列瓦托尔的城堡里。萨列瓦托尔之所以被称为"天神",是因为他为许多人治好了病,甚至把快死的人都治活了。

回到城堡,伊赫季安德尔情不自禁地把海滩上发生的事,告诉了慈祥的老仆人克里斯多,他说他喜欢上那姑娘了,恳求克里斯多带他进城,他希望能在城里再碰到她。克里斯多答应了。

第二天,伊赫季安德尔游出海湾。他上了岸,穿上克里斯多为他准备好的衣服,便进城去了。

克里斯多把水陆两栖人带到弟弟巴里塔扎尔家。巴里塔扎尔的养女古绮爱莱正好从外面回来,伊赫季安德尔一见,猛地一惊,原来她就是那个海滩上的姑娘。他发现自己已深深地爱上了这姑娘。

古绮爱莱走进屋,对养父——采珠能手巴里塔扎尔说:"爸爸,我和奥列仙在海边玩,不小心把项链掉进海里了。求您帮我找回来吧。"

巴里塔扎尔说:"你是不是又到兽嘴崖去玩了,那里掉了东西,可不好找啊。"

伊赫季安德尔说:"美丽的姑娘,别伤心,我去帮你找吧。"他说完就跑了出去。

过了一会儿,伊赫季安德尔拿着项链回来了,把它交给了古绮爱莱。看着古绮爱莱高兴的样子,他心里也挺快活的。

之后的每天晚上,伊赫季安德尔都要游到兽嘴崖去,上岸穿好衣服,等古绮爱莱。他们已经成了好朋友,常在一起散步、交谈,有时长久地坐在海边。拍岸的波涛在脚边喧闹,星星眨着眼睛。伊赫季安德尔觉得很幸福。

一天,伊赫季安德尔和古绮爱莱正在岸边谈心,古利夫船长来了。他想娶古绮爱莱为妻,可是姑娘很讨厌古利夫,当然不肯嫁给他。

伊赫季安德尔不愿别人看到他,就从岸上跳到海里去了。古绮爱莱却以为他自杀了，伤心得大哭起来。她急忙叫古利夫去救人，可古利夫却无动于衷。

此后，古绮爱莱一直没有去海岸。伊赫季安德尔见不到她，心情糟透了，就常到海里去和采珠工人捣乱。

一天，他遇到古绮爱莱的朋友奥列仙，立刻抓住她，问："奥列仙，你知道古绮爱莱现在怎么样了？"

"古绮爱莱已经成了别人的妻子了。她嫁给了古利夫。"

"可是她……她爱的是我。"伊赫季安德尔抓住奥列仙，轻声说："她怎么会愿意嫁给古利夫呢？"

奥列仙告诉他，一天古绮爱莱要出去，古利夫开着一辆崭新的轿车来到巴里塔扎尔家门口，想开车送她。可是古绮爱莱拒绝了他，不料，古利夫连拉带拽地硬把她拉进了汽车。从此，古绮爱莱再也没有回家，她成了古利夫的妻子。

伊赫季安德尔听了，决定要到古利夫的庄园去，找同他的古绮爱莱。夜里，他悄悄来到庄园，靠着房子轻轻地喊："古绮爱莱！古绮爱莱！"古利夫的母亲听见了，告诉了古利夫。古利夫抓起一把铲子出了屋，轻轻地绕到了伊赫季安德尔的背后，一铲子打在他的头上。伊赫季安德尔一声没吭就倒在了地上。古利夫心想：我正想抓你呢，没想到你却自己送上门来了。

克里斯多得知伊赫季安德尔被古利夫抓住后，立刻来到巴里塔扎尔家。他对弟弟说："你还记得 20 年前的一件事吗？当时我送你妻子回娘家，半路上她生孩子死了，当时孩子也很危险。一位老奶奶告诉我，把孩子送到'天神'萨列瓦托尔那里，也许会有救的。我听了她的话，把孩子送去了。我一直等到晚上，萨列瓦托尔出来对我说孩子死了，我只得走了。"停了一下，他继续说："不久前，有人砍伤了

133

伊赫季安德尔的脖子，我替他包扎时，看到他脖子上有一个胎记，形状和你儿子的一模一样。我知道萨列瓦托尔每天要给'海魔'打一种绿色的针剂。"

巴里塔扎尔睁大了眼睛，愣了半晌，激动地说："你是说伊赫季安德尔是我的儿子？是萨列瓦托尔把他造成了'海魔'？"克里斯多点点头，说："我想是这样的。"

巴里塔扎尔愤怒地说："我要亲手杀了萨列瓦托尔！"

第二天，巴里塔扎尔写了张状纸，告到法院。这桩案件引起了主教大人的注意。他认为萨列瓦托尔不仅犯了医学法，而且亵渎神灵，改变了上帝所造的人的模样。而上帝创造的万物都是最美好最完善的。他决定让法官把萨列瓦托尔和伊赫季安德尔都抓起来。

根据奥列仙提供的线索，法官派人从古利夫的家里搜出了伊赫季安德尔，把他和萨列瓦托尔一起关进了监狱。

主教和法官准备处死萨列瓦托尔和"海魔"，这个消息被监狱长知道了。萨列瓦托尔曾救过他的妻子，他决定要帮助他，监狱长打开了萨列瓦托尔的牢房，告诉他一切并说要放他逃走。

萨列瓦托尔听了，对监狱长说："请你想办法把伊赫季安德尔放了吧，他是我多年研究的成果，就像我的儿子一样。"

监狱长答应了，让伊赫季安德尔扮成一个送水的青年，混出了牢房。

从此，海岸的人们再也没有看到"海魔"，古绮爱莱也失踪了，只是在海上刮起暴风雨的时候，人们总会听到巴里塔扎尔在海边一声声地叫喊："伊赫季安德尔！伊赫季安德尔！我的儿子！"

他不停地叫，直到暴风雨停息。

但是，大海却始终保守着自己的秘密。

48. 新型防盗剂

李教授打了个哈欠。两星期以来，他绞尽脑汁，终于利用附近一家工厂的几种废液配制出一种无色无味、无毒无害的新液体。这种液体溶解力极强，任何物体接触到它，都立刻在表面生成一种黏性很强的胶状物。

半夜里，李教授被一种响声惊醒了。一开始，他以为是只老鼠。可是马上又觉得不对，老鼠怎么能拉开抽屉呢？他仔细听了听，明白了，但仍然躺着没动。他不怕偷盗，过去的发明奖金和专利转让费，除化学实验用去一些外，其余全部捐献给了儿童福利事业。那个小偷儿翻来翻去，没翻到什么值钱的东西，有些着急，一不小心把组合柜前的一个瓶子碰倒了。瓶子发出一声脆响，碎了。李教授再也躺不住了，那瓶子里装着刚研制出来的液体。

"老兄，你看仔细呀，这么马虎……"李教授一边说，一边按亮了床边的壁灯。

小偷儿吓了一跳，转身要跑，却扑通栽倒了。灯光下，小偷儿两手按地，想站起来，可双手好像和地板长到了一起，怎么也动弹不得。小偷儿急了，"嗨"地大叫一声，猛然一挣，但只是屁股向前移了移，全身仍然未能挪动一厘米。

李教授见状，不禁乐了。他对小偷儿说："老兄，你不该打翻我这个瓶子呀。真是太妙了，你验证了我的防盗剂是完全合格的！老兄，你先耐心地在这里等着，我马上到专利局去一趟，它离我家不远。"李教授戴好帽子，开门走了。

135

49. 精神崩溃的老鼠

麦尔教授对老鼠很有兴趣，曾经做过这样的实验。

他把老鼠聚集在一个平台上，让它们一个个往下面两个门跳。跳向左门，它会碰得鼻青脸肿；跳向右门，门却会打开，门后是甜美的乳酪。小老鼠当然不笨，训练几次之后，就快快乐乐地老往右门跳去，不再摔得一鼻子灰。

可是，就在小老鼠的选择方式固定了的时候，麦尔把乳酪从右门移到左门。本来以为可以饱食一顿的老鼠现在又碰得鼻青脸肿，它不知道客观情势已经改变了。幸好，摔了几次之后，它又渐渐熟悉了新的情况：原来乳酪在左边！

问题是，这个时候，麦尔又有了新花样。他把门的颜色重新漆过，把乳酪一会儿放左，一会儿放右，老鼠在新的习惯形成之后，发觉原来的抉择方式又行不通，它必须不断地适应新情况，不断地修正自己的习惯行为……

终于，老鼠变不过来了，它的下一个反应就是"以不变应万变"。麦尔发觉，在应变不过来的时候，老鼠就搞"拧"，开始固执起来，根本就拒绝改变方式。譬如，如果它已经习惯于跳向左门，你就是把乳酪明明白白地放在右门口，让它看见，它仍旧狠狠地往左门去碰肿鼻子，愈碰就愈紧张。如果实验者在这个关口继续强迫它去做跳左或跳右的抉择，老鼠就往往会抽筋、狂奔、东撞西跌或咬伤自己，然后全身颤抖直到昏迷为止。换句话说，这只老鼠已经"精神崩溃"。

于是，麦尔教授归纳出导致老鼠"精神崩溃"的五个阶段。

第一个阶段，对某一个难题（左门或右门），让老鼠逐渐培养出一种应对的习惯来（选择右门：右门有乳酪）。

第二个阶段，客观环境改变，老鼠发觉惯有的方式已经不能解决问题，因此感到惊骇。

第三个阶段，不断地焦虑与挫折、失败之后，它就固执地以旧有的方式面对新的情况，不计后果（就是看见乳酪出现在右边，仍旧往左边闯）。

第四个阶段，根本放弃努力（乳酪也不吃了，干脆饿死）。

第五个阶段，如果外力迫使它非解决问题不可，它就又回到它所习惯的旧方式（左门就是左门，非左门不可）。当然又碰得鼻青脸肿，饿得头昏眼花。明明只要换个途径就解决了一切，它却固执地在习惯行为中饱受挫折与失败的煎熬，最后以崩溃结束。

50. 观念的较量

一位法国学者去非洲参与动物保护工作。那里有一种犀牛，因为"全身是宝"而遭到土著的追杀，他看到此景，心中十分悲痛。

一天，他随当地全副武装的巡逻队去森林考察，碰上3人偷猎。巡逻队迅速包围了他们，用喇叭喊话，勒令他们放下武器。偷猎者哪里会轻易投降呢？抱着武器寻找突破口。情急中，有个偷猎者率先开枪，打伤一名巡逻队员。这下激怒了大家，巡逻队也举起武器还击。激战约5分钟，偷猎者知道自己势单力薄，竖起白旗投降了。

令人振奋的是，这3个被捕者中有一个就是早已挂上号的"偷猎大队长"。此人凶悍且狡猾，一直与巡逻队周旋，两年来让巡逻队头疼不已。回到驻地，许多巡逻队员冲上来要揍"偷猎大队长"，他竟然镇定地望着他们，没有惧怕的样子。遗憾的是，那个国家的法律并没有明确规定偷猎者要坐牢，所以这3个偷猎者只是被分别关押在巡逻队的黑屋子里。开始那几天，总是有巡逻队员结伴找到"队长"，将他打得鼻青脸肿。法国学者听说了，赶去劝阻，却没有什么效果。更令学者惊慌的是：没有抓获的偷猎者居然用金钱来巡逻队"活动"，以"营救"被捕的同伙。而巡逻队得到"好处"后，真的想放人了！学者与巡逻队交涉，最后只得到一个许可：让他与"队长"同住黑屋子，10天后准时放人。

这10天是在"教育"中度过的，因为学者带了许多书籍、图片甚至一台录像机进去。外面的人除了定时给他们送饭、放风，什么也不管。到了放人那天，凶悍且狡猾的"队长"一反常态，与大家握手道别，还保证以后不再干偷猎行当——谁相信呢？

事实证明"队长"没有违背诺言，那块地方除了零散的偷猎者，再也没有一支有组织有纪律的偷猎队出现过。

51. 玻璃瓶中的机遇

别涅迪克博士是法国一家化学研究所的高级研究员。一次，在实验室里，他准备将一种溶液倒入烧瓶，一不小心烧瓶"咣当"落在了地上，糟糕！还得费时间打扫玻璃碎片，别涅迪克博士有些懊恼。然而，烧瓶并没有破碎，于是，他弯下腰捡起烧瓶仔细观察，这只烧瓶和其他烧瓶一样普通，以前也曾有烧瓶掉在地上，但无一例外全都破成了碎片，为什么这只烧瓶仅有几道裂痕而没有破碎呢？别涅迪克博士一时找不到答案，于是他就把这只烧瓶贴上标签，注明问题，保存起来。

不久后的一天，在别涅迪克博士走进实验室前，他看到一张报纸上报道说市区有两辆客车相撞，车上的多数乘客被挡风玻璃的碎片划伤，其中一辆车的司机被一块碎玻璃刺穿面部而进入口腔。别涅迪克博士一下子想到了那只裂而不碎的烧瓶。他走进实验室拿过那只烧瓶，只见那只烧瓶的瓶壁有一层薄薄的透明的膜。别涅迪克博士用刀片小心地取下一点儿进行化验。结果表明，这只烧瓶曾盛过一种叫硝酸纤维素的化学溶液，那层薄薄的膜就是这种溶液蒸发后残留下来的，遇空气后产生了反应，从而牢牢粘贴在瓶壁上起到保护作用。因为无色透明，所以一点儿也不影响视觉。"如果这种溶液，用于汽车玻璃的生产中，以后再发生类似的交通事故，乘客的生命安全系数不是更有保障吗？"……别涅迪克博士因为这个小小的发现而荣登20世纪法国科学界突出贡献奖的榜首。

52. 生 死 竞 跑

一条品种优良的猎狗，被主人训练得壮硕无比，追捕猎物速度快，而且反应敏捷。

对于追捕猎物这件事，这只猎狗可以说驾轻就熟，就像熟练的渔夫捕鱼。

有一次，主人带着这只猎狗又去狩猎，老远发现一只狐狸，主人用枪射击，准头不够，让狐狸给脱逃了。

猎狗于是展开自己最拿手的追捕工作。森林是狐狸的天地，路径熟得很，但猎狗也不含糊，追捕之间，过程紧张迭起。

狐狸较为瘦小，跑不过猎狗，眼看就要被追上。突然，一个转身，狐狸朝另一条路跑去，猎狗一不留神，身子受了点儿擦伤，有点儿痛。

"唉！我追得这么累干吗！追不到狐狸，我也不会饿到肚子呀！"念头刚刚闪现，速度已经慢了下来。狐狸又跑远了。

"算了，现在早已脱离主人的视线，反正主人看不到。"

猎狗又起了放弃的念头，速度又迟缓起来。

狐狸终于逃离猎狗的追捕。

53. 敌人正是自己

驯鹿和狼之间存在着一种非常独特的关系。它们在同一个地方出生，又一同奔跑在自然环境极为恶劣的旷野上。大多时候，它们相安无事地在同一个地方活动，狼不骚扰鹿群，驯鹿也不害怕狼。

在这看似和平安闲的时候，狼会突然向鹿群发动袭击。驯鹿惊愕而迅速地逃窜，同时又聚成一群以确保安全。

狼群早已盯准了目标。在这追和逃的游戏里，会有一只狼冷不防地从斜刺里蹿出，以迅雷不及掩耳之势抓破一只驯鹿的腿。

游戏结束了，没有一只驯鹿牺牲，狼也没有得到一点儿食物。

第二天，同样的一幕再次上演，依然从斜刺里冲出一只狼，依然抓伤那只已经受伤的驯鹿。

每次都是不同的狼从不同的地方蹿出来做猎手，攻击的却只是那一只鹿。可怜的驯鹿旧伤未愈又添新伤，逐渐丧失大量的血和力气，更为严重的是它逐渐丧失了反抗的意志。当它越来越虚弱，已不会对狼构成威胁时，狼便群起而攻之，美美地饱餐一顿。

其实，狼是无法对驯鹿构成威胁的，因为身材高大的驯鹿可以一蹄把身材矮小的狼踢死或踢伤，可为什么到最后驯鹿却成了狼的腹中之食呢？

狼是绝顶聪明的，它一次次抓伤同一只驯鹿，让那只驯鹿一次次被失败击得信心全无，到最后它完全崩溃了，已忘了自己其实是个强者，忘了自己还有反抗的能力。当狼群攻击它时，它已没有勇气奋力一搏了。

54. 工作不是战斗

琳达是一个乐天派，她说工作对她来说就像是一块巧克力——因为她是一个非常喜欢吃巧克力的人，而她对工作也正是那么乐此不疲。这个来自她心灵真实的隐喻，带给她的是无比的快乐和热情。

工作也是你的巧克力吗？也许你说不是。那么工作对你来说是什么呢？是游戏？是战斗？是旅行？是煎熬？或者是别的什么？不管你的隐喻是什么，它都泄露了你现在的工作状态，你的隐喻总是在如实地反映你的内心，它是你内心的真实图景。

隐喻无所谓对错，无论你认为工作像什么，你都是对的，因为那是你真实的感受，你做到了对自己诚实无欺。当然，你心里知道有的隐喻带给你的是力量，有的隐喻却在隐蔽地扼杀着你的工作激情，让你停滞和烦躁。像琳达那样把工作当作自己最喜欢的巧克力，她得到的就是巨大的工作热忱，她真的是在享受工作的乐趣，如同享受美味。可如果有个人一想起工作就觉得像要投入一场战斗，他的心气可能立刻就下去了，因为战斗意味着激烈、拼杀、残酷，其结果终究是一场血腥。终日守着这样的隐喻的人，工作的效果和效率恐怕都要降到零了。

141

好在隐喻并不是一个不能改变的东西，只要我们意识到不好的隐喻带给我们的巨大的负面力量，而愿意积极地改变隐喻，从而改变我们内心体验。工作在一个人的体验里是美味而在另一个人的体验里却是战斗，这其实与工作的本身或许关系不大。因为隐喻是我们感受形象化的产物，它实际上是一个完全主观的东西，就好像我们会对同一件事情有不同的看法、观点一样。所以，改变隐喻实际上是一件很简单的事情，因为你实在不必守着你原来的隐喻不放，那不是事实，那只是你心里的真实。改变隐喻的同时，你将在瞬间借着隐喻的力量改变你对工作的体验。

55.破局而出

人的一生一定要努力避开一种人，那种时常泼你冷水的人。有个妈妈在厨房洗碗，她听到小孩在后院蹦蹦跳跳玩耍的声音，便对他喊道："在干吗？"小孩回答："我要跳到月球上！"你猜妈妈怎么说？她没有泼冷水，骂他"小孩子不要胡说"或"赶快进来洗干净"之类的话，而是说："好，不要忘记回来喔！"这个小孩后来成为第一位登陆月球的人，他就是阿姆斯特朗。

有时候我想去听音乐会，想邀朋友一起去，他们常常泼我冷水："算了吧，搞这套！"我说要去看芭蕾舞，他们更不屑："你真的有这个兴致？那你自己去吧！"

谈到热忱，我真心觉得不该泼别人冷水，最好也不要跟爱泼冷水的人在一起。因为，拥有热忱，可以让你做出很多原本可能做不到的事。

有一次，卡耐基在美国开年会，有位讲员提醒大家，旅馆房间的门上都挂了一个牌子，上面写着"请勿打扰"，但是有多少人知道，

142

自己天天从家里到办公室，脖子上仿佛也挂了这么一个牌子。由于你对一切事物缺乏热忱，同事不喜欢跟你合作，顾客也觉得最好离你远一点儿。你也把这块牌子带回家，小孩不敢跟你玩，太太也小心避开你。你一定想把脖子上的牌子拿掉吧？

56. 鹰 的 启 示

老鹰是世界上寿命最长的鸟类之一，它一生的年龄可达70岁。要活那么久，它在40岁时必须做出艰难却重要的决定。当老鹰活到40岁时，它的爪子开始老化，无法有效地抓住猎物。它的喙变得又长又弯，几乎碰到胸膛。它的翅膀变得十分沉重，因为它的羽毛长得又浓又厚，使得飞翔十分吃力。这时候，它只有两种选择：等死或经过一个十分痛苦的更新过程——150天漫长的操练。它必须很努力地飞到山顶，在悬崖上筑巢。停留在那里，不得飞翔。老鹰首先用它的喙击打岩石，直到老的喙完全脱落。然后静静地等候新的喙长出来，它会用新长出的喙把指甲一根一根地拔出来。当新的指甲长出来后，它便把羽毛一根一根地拔掉。5个月以后，新的羽毛长出来了，老鹰开始飞翔，重新得力再过30年的岁月！

57. 天价广告牌

这是一家规模很小的食品公司，生产一种辣酱，注册资金只有几十万元。但老总很有信心，在单位的文化墙上写着"要做这座城市第一品牌"的壮语。

　　辣酱上市之前，老总寻思着给辣酱做宣传。他本想在这个城市的某一个地方做一个超大的、显眼的广告牌，宣传他的产品，让所有从这儿走过的人一下子就能注意到它，并从此认识他们的辣酱。

　　但是当他和广告公司接触之后，才发现市中心广告位的价格远远超出了他的想象。他小小的企业承担不起这天价的广告费。

　　可是，他并没有失望，而是不停地寻找，试图能发掘出既便宜又很显眼的广告位置。

　　经过反复的寻找，他终于看好了一个城门的路口的广告牌。那里是一个十字路口。车辆川流不息，但路人走得很快，眼睛只顾盯着红绿灯和疾驰的车，在这里做广告牌很难保证有多好的效果。打探了一下价格，一年只要几万元，他很满意，于是就租了下来。

　　对于老总这个想法，员工纷纷提出疑问，但老总却笑而不答，仿佛一切很有把握。旧的广告牌很快就被摘了下来，员工以为第二天就能看到他们的辣酱广告牌了。然而，第二天，员工看到广告牌根本不是他们的辣酱广告牌，只见上面写着：好位置，当然只等贵客。此广告牌招租八十八万元 / 年！！！

　　天哪，这样的价格该是这座城市最贵的广告牌位了吧！天价的广告牌让从这里路过的人都不自觉地停住脚步看上一眼。人们互相传说，渐渐地，很多人都知道这个十字路口上有个贵得离谱的广告牌位，甚至引起了当地媒体的极大关注……

　　一个月后"爽口"牌辣酱广告写到上面了，辣酱的市场被迅速打开。因为那"八十八万元 / 年"的广告牌价位早已家喻户晓。"爽口"牌辣酱成了这座城市的知名品牌。

　　老总把单位文化墙上原先的口号擦掉了，换成了"要做中国辣酱的第一品牌"的口号。一位员工问他："我们还不是这座城市的第一品牌，为什么要换成'做中国的第一品牌'呢？"

老总意味深长地说："价值只有在流通中才能得以体现，但价值的标尺却永远在别人的手中。别人永远不会赋予你理想的价值，但是必须自己主动去做一块招牌，适当地放大自己的价值！"

58. 最优秀和最聪明的

在 1960 年，美国某大学的罗森塔尔博士在加州一所学校做过一个著名的实验。新学年开始时，罗森塔尔博士让校长把三位教师叫进办公室，对他们说："根据你们过去的教学表现，你们是本校最优秀的教师，因此，我们特意挑选了一百名全校最聪明的学生组成三个班，让你们教。这些学生的智商比其他学生都高，希望你们能让他们取得更好的成绩。"

三位老师都高兴地表示一定尽力。校长又叮嘱他们："对待这些学生，要像平时一样，不要让学生和家长知道他们是被特意挑选出来的。"老师都答应了。

一年之后，这三个班的学生成绩果然排在整个学区的前列。这时，校长告诉老师真相，这些学生并不是特意选出的最优秀的学生，只不过是随机抽调的最普通的学生。老师没想到会是这样，都认为自己的教学水平确实高。这时，校长又告诉他们另一个真相，那就是他们也不是特意挑选出的全校最优秀的老师，也不过是随机抽调的普通老师罢了。

这个结果正是罗森塔尔博士所料到的。这三位老师都认为自己是最优秀的，并且学生又都是高智商的，因此对工作充满信心，工作自然非常卖力，结果当然是好的。这说明在做任何事以前，如果能够充分肯定自我，就等于已经成功了一半。当你面对挑战时，你不妨告诉自己，你就是最优秀和最聪明的，那么结果肯定是另一种模样。

59. 心灵的漏洞

许多年前，有个求道的年轻人，为了获悉人生的道理，不辞辛劳，长年累月跋山涉水到各地探访有道之士，寻求答案。

可时间一天天过去了，也求教了很多人，但他觉得自己一点儿收获都没有。这令他很失望，左思右想，也琢磨不出到底是什么原因。

后来，他听一位私塾先生说，在距他的家乡不远的南山里，有位得道的高僧，能解答关于人生的各种疑难问题。于是，他连夜起程，沿途寻访这位高僧的住处。

一日，他来到南山脚下，见一樵夫担了一担柴从山上下来，便上前询问："樵夫兄，你可知道这南山上有位得道的高僧居住何处？长得何等相貌？"

樵夫略微沉思片刻道："山上确有位得道的高僧，但不知道到底住在何处。因为他常常四处游历，随缘度化世人。至于他的相貌，有人说他佛光普照，面貌清奇；也有人说他蓬头垢面，不修边幅。没有人能说得清楚。"

谢过了樵夫，年轻人抱定了决心，不顾一切地向深山前进。后来，又遇见了农夫、猎户、牧童、采药人等，就是一直没有找到他心目中的那位可以指点人生迷津的高僧。

他在绝望之下，回头下山。在路上遇见一位拿着破碗的乞丐向他讨水喝。年轻人便从身上取下水袋，倒了一些水在碗里。还未等乞丐去喝，水就流光了。无奈，年轻人又倒了些水在碗里，并催促乞丐赶紧喝。可碗刚端到乞丐的嘴边，水又流光了。

"你拿个破碗怎能盛水？怎能用它来解渴？"年轻人不耐烦地说。

146

"可怜的人，你到处请教人生的道理，表面上很谦虚，但你内心中先判断别人的话是否合你的心意。你不能接纳不合你心意的说法，这些成见在你的心中造成了很大的漏洞，使你永远无法得到答案。"

年轻人一听恍然大悟，连忙作揖道："大师可否就是我要寻找的高僧？"连问数声无人应答，抬头再寻那乞丐，已无踪影。

心灵有漏洞吗？当然了，成见就是心灵的漏洞，嫉妒也是，猜疑、懦弱、浮躁、仇恨等都是心灵的漏洞，只不过每个人的心灵漏洞不同罢了。若是这些漏洞都集于一身，恐怕这个人就无可救药了。

心灵有漏洞并不可怕，可怕的是明知有而不去弥补。那样只会越漏越大，必将贻害终生。而有了漏洞肯于去弥补才显得可贵。天有漏洞都可以弥补，人心又有什么不能弥补的？

60. 人生的圆圈

大约十年前，我在一家电话推销公司接受业务培训。

主管为了激励我们，有一次，在培训课上用图诠释了一个人生寓意。

他首先在黑板上画了一幅图：在一个圆圈中间站着一个人。接着，他在圆圈的里面加上了一座房子、一辆汽车、一些朋友。然后，他问大家："谁能告诉我，这图意味着什么？"一阵沉默后，一位学员回答："世界？"主管说："基本正确。这是你的舒适区。这个圆圈里面的东西对你至关重要：你的住房、你的家庭、你的朋友，还有你的工作。在这个圆圈里头，人们会觉得自在、安全、远离危险或争端。"

"现在，谁能告诉我，当你跨出这个圈子后，会发生什么？"教室里顿时鸦雀无声，还是那位积极的学员打破沉默："会害怕。"另一位学员认为："会出错。"接着又是一阵沉默。这时，主管微笑着说：

"当你犯错误了，其结果是什么呢？"最初回答问题的那个学员大声答道："我会从中学到东西。"

"正是，你会从错误中学到东西。"主管于是转向黑板，画了一个箭头，把圆圈当中的人指向圈外。他继续说道："当你离开舒适区以后，你就把自己抛到了一个你感到不自在的世界里。结果是，你学到你以前不知道的东西，你增加了自己的见识，所以你进步了。"他再次转向黑板，在原来那个圈子之外画了个更大的圆，包括了更多的朋友、一座更大的房子等。

"如果你老是在自己的舒适区里头打转，你就永远无法扩大你的视野，永远无法学到新的东西。只有当你跨出舒适区以后，你才能使自己人生的圆圈变大，你才能挑战自己的心灵，使之变得更加坚强，最终把自己塑造成一个更优秀的人。"

61. 不一样的豆芽菜

有个年轻人，进入大学后由于学校和专业都不理想，他索性不再努力，经常逃课、喝酒、泡网吧，任由自己一天天地消沉下去。

偶尔去上课，也是无精打采，心不在焉。教授见状，提醒他："年轻人，要打起精神哟！"

"要精神有何用，将来还不是一样就业难，难就业！"年轻人脱口而出。

教授眉头紧蹙，沉思片刻，说："下课后，你且随我来。"

那天下课后，他惴惴不安地跟着教授过大街穿小巷，来到一个熙熙攘攘的菜市场。他满脸疑惑地看着教授。教授不理会他，一直往里走，终于在一家卖豆芽菜的摊位前停下，示意他仔细观看这家豆芽菜的品质。

他有些不解，不知教授葫芦里卖的什么药。但他还是仔细地看了，发现这家的豆芽菜又细又长，还带根须，摊前顾客寥寥。接着，教授把他带到另一家卖豆芽菜的摊位前，又示意他看豆芽菜的品质。相比较之下，他发现这家的豆芽菜短壮鲜嫩，且无根须，购买者众多。

教授问他："何故会有如此差异？"

"无外乎设备、生产工艺高人一筹而已。"他不屑一顾地答道。

教授摇摇头，又带他去参观了这两家生产豆芽菜的作坊。他惊奇地发现，这两家的生产设备、选料、营养配方竟然一模一样。

为何他们生产出的豆芽菜会有天壤之别呢？他百思不得其解。

教授呵呵地笑了，说："难道你没有注意到第二家在豆芽菜生长器上另外压了一块石头吗？"

62. 树木的生存智慧

长白山是一座休眠火山，山脚下土层厚的地方森林茂密，但是随着海拔的增加，覆盖山体的便都是黑色的火山石和白色的火山灰了。恶劣的生存环境，使高大的乔木，甚至是灌木都望而却步了。

但站在海拔四百米向上望去，竟有一片片火样的颜色。向上攀登时，我才发现，那是一种成片的矮小植物所绽放的花朵。

当地人告诉我，这种开花的植物叫作"高山杜鹃"。

我仔细观察这些高山杜鹃，它们只有几厘米高，几乎是贴着地面生长。虽然它们的生长环境是没有养料的火山岩，但那花朵却如一团团火焰在迎风怒放，看着高山杜鹃生机勃勃的样子，比山下的高大树木更加盎然。管理人员告诉我，高山杜鹃之所以能在寸草不生的碎岩上生存，并绽放成一道美丽的风景线，最根本的原因是矮小，它们的植株只有几厘米，这已到了木本植物的极限。这使它们对养料的需

149

求也达到了极限的少。而且，山上可以吹折树木的强风也不会波及这些矮小的植物。

所处位置越高，处世态度越要低调。虽说高处不胜寒，但高处仍然有风景，我想，这其中的玄机值得回味。

长白山脚下，锦江大峡谷边的原始森林里，有许多倒下的大树，游人见此，均感奇怪：这么粗壮高大的树怎么会轻易倒下呢？

一位导游这样解释：这些大树的问题是出在树根上。一棵树的生长不只是地上部分的生长，而是上面生长的同时，地下的根系也要随之生长。地上与地下的生长是成正比的。可以这样说，地上的树有多高，地下的根就有多长，只有地下的根系发达，才能为地上的枝干提供足够的水分、养料，也才会有足够的力量支撑地上的部分。倒下的这些树，都是根系不发达、根扎得不够深的树。这样，大的风雨袭来，它们便会轰然倒下，并且，如果根基不牢，越高大的树木，就越容易倒下。

我看了看那倒下的大树的树根，果然如他所说。所有的事物都依赖于根基，根基不牢，再恢宏的伟业也会在一瞬间同归到零。

在长白山莽莽林海中穿行，常看到这样一个奇怪的现象：稀疏生长或独自生长的树木，树身都不会太高，而且它们的枝干也弯曲不直。但成片的树木则每一棵都高大挺拔，从不旁逸斜出。

阳光、水分是树木生存发展必需的条件，按这个生存法则，占有阳光、空间多的树木一定会比那些只顶着头上巴掌大一块天的树木要长得好。但为什么生存环境优越的树木反而没有环境恶劣的树木高大挺拔？

正在我迷惑不解时，一个当地人这样说，树也如同人一样，稀疏的树木因为没有竞争存在，就懒散着随意生长，这往往使它们长得奇形怪状，最终不能成材；而长在一起的树木，每个个体要想生存，就必须让自己长得高大强壮，这样才能争得有限的阳光、水分等生存资源，从而存活下来。最终，它们长成了令人尊敬的栋梁之材。

63.忍受极限

　　一位刚刚毕业的年轻人被分配到一个海上油田钻井队。在海上工作的第一天，领班要求他在限定的时间内登上几十米高的钻井架，把一个包装得很漂亮的盒子送到最顶层的主管手里。他拿着盒子快步登上高高的狭窄的舷梯，气喘吁吁、满头是汗地登上顶层，把盒子交给主管。主管只在上面签上自己的名字，就让他送回去。他又跑下舷梯，把盒子交给领班，领班也同样在上面签上自己的名字，让他再送给主管。

　　他看了看领班，犹豫了一下，又转身登上舷梯。当他第二次登上顶层把盒子交给主管时，已浑身是汗两腿发颤，而主管却和上次一样，在盒子上签上名字，让他把盒子再送回去。他擦擦脸上的汗，转身走向舷梯，把盒子送了下来，领班签完字，让他再送上去。

　　这时，他有些愤怒了，他看看领班平静的脸，尽力忍着不发作，又拿起盒子艰难地一个台阶一个台阶地往上爬。当他上到最顶层时，浑身上下都湿透了，他第三次把盒子递给主管，主管看着他，傲慢地说："把盒子打开。"他撕开外面的包装纸，打开盒子，里面是两个玻璃罐：一罐咖啡，一罐咖啡伴侣。他愤怒地抬起头，双眼喷着怒火，射向主管。

　　主管又对他说："把咖啡冲上。"年轻人再也忍不住了，"叭"的一下把盒子扔在地上，"我不干了！"说完，他看看倒在地上的盒子，感到心里痛快了许多，刚才的愤怒释放出来了。这时，这位傲慢的主管站起来，直视他说："刚才让你做的这些，叫作'承受极限训练'，因为我们在海上工作，随时会遇到危险，就要求队员身上一定要有极强的承受力，承受各种困难的考验，才能完成海上作业任务。可惜，前面三次你都通过了，只差最后一点点，你没有喝到自己冲的甜咖啡。

现在，你可以走了。"

许多时候，我们往往只差那么一点点……

64. 小创意带来大财富

1954 年，贝特·格雷厄姆女士在美国得克萨斯信托银行担任秘书时，由于对擦除打字错误行为感到厌烦，有一天，她把颜料涂在了错字上。这种颜料具有涂覆功能，这一个小小的创造性举动，影响了大家。整个办公室都采取了这种做法。起初，她给这种混合物取名"改错液"，后来又叫"液态纸"。她把全部心思都放在了自己的发明上，经过一番努力后终于取得成功，吉列公司于 1979 年以 5000 美元购得了这项发明。格雷厄姆靠自己的这一创造获得了足够的资金支撑自己的两个组织：致力于妇女福利和艺术的贝特·克莱尔·麦克默里基金会和吉恩基金会。

美国有一位叫哈罗德的电器工程师，一天晚上他去睡觉时，忘记将电吉他的开关拉掉。次日一大早，他起床去关电吉他时，竟意外发现地板上躺着 4 只老鼠。他将莫名其妙死亡的老鼠交给有关单位去解剖分析，并陈述了他未关掉电吉他的情况。专家经过分析后认为：这 4 只老鼠是被电吉他的高频率的振动杀死的。电吉他的高频率振动波能严重地损伤老鼠的神经系统，受到这种高频振动波刺激的老鼠，不是惊慌失措，就是不吃不喝，以致死亡。哈罗德受自己这个偶然发现的启发，发明了一种小型灭鼠器，命名为"阿米戈"，在美国申请了专利。这台小装置只有普通足球那么大，能发出一种电磁波的音乐声波，能很快杀死方圆十米以内的老鼠与蚂蚁。它对家禽、家畜、人体均无损伤，而且发出的音乐声悠扬低沉，深受人们喜爱。20 世纪 80 年代，这种微型灭鼠器在美国风靡一时，成了市场上的热门货。

65.从细处开始精明

哈同是 19 世纪末闻名上海滩的"大班",控制着上海一半以上的房地产,财富难以计数。但是,这个闻名一时、富甲一方的犹太大亨,刚来中国时却一文不名。

当时,年仅 24 岁的犹太人哈同尾随嘴咬雪茄的洋商与身带枪炮的洋人,流浪到了当时的大上海。他独自一人、一贫如洗,靠他父亲在上海的老朋友介绍,才勉强到沙逊洋行混了个看门的差事,住在又脏又臭的勤杂工宿舍里。

看门本是一个不能发财的下等差事,可哈同一干上就不一样了。只干了几天,他就对洋行上下了如指掌,特别是他还悉知:那些来洋行办事的,大多是来谈烟土等黑货生意的,于是,他灵机一动,就想出了一个发财的点子。

以前,前来办事的只需和门卫打个招呼就被放进去,这同哈同的工作方法改变了。他在门口放了一本登记簿,来客一律要先登记,然后坐在门口的长凳上等候,按顺序进门。这下可把那些烟土商急坏了,因为他们急于将黑货出手。有些机灵的商人,猜透了哈同的用意,便拿出 1 元钱,轻轻塞到哈同手中,恳求道:"我有急事,能不能通融一下?"哈同马上到里面跑一趟,出来说:"请进吧。"

当排在前面的人提出质问时,他就会用刚学的中国话说:"他的生意比你们的紧急。"

久而久之,其他的商人也看出窍门来了,于是也在登记时塞给他 1 元钱。有个别商人生意较大,需"货"较急的,还多加两元钱,要求"插号"。

这一看门方式的改变,不仅使哈同一天能多收入二三十元,而且还给营业部管事留下一个聪明能干的好印象。因为，以前这位管事的办公室里，从早到晚总是挤满了客户，他们争先恐后地谈生意，吵得管事头晕目眩。忽然从某一天起，客商秩序井然地有进有出，而且几乎所有大买卖都排在前头。管事起初颇感纳闷，特意抽空去门口调查了一番，才知"原来如此"，不禁对哈同另眼相看："这个犹太青年聪明能干，让他做看门人，岂不是大材小用！"

不久，营业部管事就找哈同谈话，表扬他工作认真、聪明能干，并问哈同对洋行业务有何高见。哈同怎肯放过这个在上司面前表现的机会，忙说："我看，用抵押的办法可以扩大营业额。"这话一下就说到了管事的心坎上。用抵押、期票，不仅可以增大营业额，而且大有发挥的余地。

就这样，哈同很快就得到了上司的赏识，并像坐直升机般被提拔为业务管事、领班及行务员，直到最后成为当时上海滩首屈一指的富豪。

66. 爱心诞生创可贴

创可贴在生活中是一种很实用的东西。

说起来，创可贴的发明真是体现了爱心的一个创造。它的发明者是埃尔·迪克森——一位在生产外科手术绷带工厂工作的先生。20世纪初，迪克森先生刚刚结婚，他的妻子是一位娇巧的美人，可这位年轻的太太对于居家过日子还不太熟悉，她常常在做饭时切着手或烫着自己。迪克森先生由于工作原因，当然能够很快为她包扎好，但他想，要是能有一种自己就能包扎的绷带，在太太受伤而无人在家的时候，就不用担心她自己包扎不了了。

他想，如果把纱布和绷带做在一起，就能用一只手包扎伤口。他拿了一条纱布摆在桌子上，在上面涂上胶，然后把另一条纱布折成纱布垫，放在绷带的中间。但是有个问题，做这种绷带要用不卷起来的胶布带，而暴露在空气中的粘胶时间长了表面就会干。

后来他发现，一种粗硬纱布能很好地解决这个问题，于是他完成了这项实验。当迪克森太太又一次割破手时，就自己揭下粗硬纱布，用她聪明的丈夫发明的绷带贴在伤口上。

当公司了解了他的小发明时，非常愉快地将这种绷带作为公司的新产品推出。这种绷带一直到 1920 年还没有商品名称，只是销售产品。后来，工厂主管凯农先生建议用 Band-Aid 这个名称，其中 Band 指的是绷带，而 Aid 是指用于急救和手术的绷带产品，后来也成了绷带的同义词。

迪克森先生出于对妻子的爱而发明的这种小东西，就是现在几乎家家必备的邦迪牌创可贴。

67. 小针孔成就了百万富翁

19 世纪中叶，美国流传着一个小针孔成就百万富翁的故事。美国许多制糖公司把方糖运往南美洲时，都会因方糖在海运途中受潮而遭受巨大损失。这些公司花了很多钱请专家研究，却一直未能解决这个问题。而一个在轮船上工作的工人却用最简单的方法解决了这个问题：在方糖包装盒的一角戳个通气孔，这样，方糖就不会在海上运输时受潮了。

这种方法使各制糖公司减少了几千万美元的损失，而且简直不花成本。这个工人专利意识十分强，他马上为该方法申请了专利保护。后来，他把这个专利卖给各制糖公司，成了百万富翁。

上面这个创意又启发了一个日本人，这个日本人想：钻孔的方法是否还可用于其他方面,不光是方糖包装盒。他研究了许多东西,最终发现:在打火机的火芯盖上钻个小孔,能够延长油的使用时间。他也获得这项发明的专利。

68.超级旅馆

日本有一种"超级旅馆",虽然名曰"超级",实际上,它的外观就是一般公寓,没有旅馆应有的气派和豪华的装饰,就是在服务项目上也比一般的旅馆小许多,然而生意却十分兴隆。这其中肯定有一些奥秘。

走进超级旅馆,只要把住宿费用放进住宿自动登记机,机器就会送出一张印有房间号码和4位数暗码的收据,这个暗码代替了房间的钥匙。房间里没有电话,没有冰箱,电视是投币式的,所以要离开旅馆的时候,不需要再付任何费用,也不用办理任何手续。

旅馆房间里不设电话。因为有住宿旅馆经验的人都知道如果在房间里打电话,在结账时要多付三成的费用,所以大部分的住宿客人都到旅馆大厅打公用电话,而且持有移动电话的人也越来越多。基于以上考虑,超级旅馆的房间里没有装设电话,这样不但节省电话装设费用,还一并省下了退房的手续。

超级旅馆的董事长山本棻介,原来从事的是专门营建公寓的建筑公司,他把营建公寓的思路,淋漓尽致地发挥在旅馆经营中。例如,提高清扫人员的效率和速度,从平均一个小时打扫五个房间,提升为6~7个房间;把牙刷和香皂等洗浴用品放在床铺旁的小桌上,而不是放在浴室里,因为根据他个人的观察,有两成的客人不会使用备用的卫浴用品,但放在浴室洗手台上很容易沾湿,即使未经使用,一经沾湿还是要丢掉，所以干脆改变放置的地点。山本梁介认为，只要充分提供旅馆业的三大基本要素——"安全、清洁、舒适"，其他不必要的服务都可以一概免除，这样做才能大幅降低住宿费用。

超级旅馆的单人房，附加早餐，一个晚上只要 4 800 日元，是一般行情的半价，对于想节省出差费用的商业人士而言，这无疑是一种福音。

旅馆业的经营方式，向来都是不断增加服务项目，住宿费用当然也随之水涨船高，而山本梁介却反其道而行之，取得了良好的效果。

69.宜家家居

宜家家居，瑞典家居用品零售集团，目前已有近 80 年的历史，在全世界 29 个国家式地区拥有 300 多个商场，很多商家直接的促销方法是在商品本身上研究思路，而宜家家居则采用围魏救赵的方法，把眼光盯在顾客的感觉和体验上，其实主要是为了抓住顾客的心。

宜家有一个购物特点，就是将旅游的价值取向注入购物的过程，让顾客更敏感的是购物的体验。轻松、自在的购物氛围是全球宜家商场的共同特征。这也是"围魏救赵"之计的妙用，宜家鼓励顾客在卖场拉开抽屉，打开柜门，在地毯上走走，或者试一试床和沙发是否坚固。这样你会发现在宜家沙发上休息有多么舒服。如果你需要帮助，可以向店员说一声，但除非你要求店员帮助，否则店员不会打扰你，以便让你静心浏览，轻松、自在地逛商场或做出购物的决定。

宜家所进行的商品检测也与众不同，它没有那些冠冕堂皇的这个"指标"那个"认证"。它对顾客更关心的商品的耐用性进行实打实的测试。在宜家，用于商品检测的测试器总是非常引人注目。在厨房用品区，宜家出售的橱柜从摆进卖场的第一天就开始接受测试器的测试，橱柜的柜门和抽屉不停地开、关着，数码计数器显示了门及抽屉承受开关的次数：至今已有 *209 940* 次。你相信吗？即使它经过了 *35* 年、*26* 万次的开和关，橱柜门仍能像今天一样正常工作！

跟许多家具店动辄在沙发、席梦思床上标出"样品勿坐"的警告相比，在宜家，所有能坐的商品，顾客无一不可坐上试试感觉。周末客流量大的时候，宜家沙发区的长沙发上几乎坐满了人。宜家出售的"桑德柏"沙发、"商利可斯达"餐椅的展示处还特意提示顾客："请坐上去！感觉一下它是多么的舒服！"

在沙发区，一架沙发测试器正不停地向被测试的沙发施加压力，以测试沙发承受压力的次数。

宜家总是提醒顾客"多看一眼标签：在标签上您会看到购物指南、保养方法、价值"。靠着这些在细微处的关照，宜家获得了成功，这种别具一格的销售方式，使其经营更富有人性化，因此，将顾客拉得更近。

70. 小事其实并不小

C·克鲁姆是位美国印第安人，*1853* 年，他在萨拉托加市的高级餐馆中担任厨师。一天晚上，来了位法国人，他吹毛求疵，总挑剔克鲁姆的菜不够味，特别是油炸食品太厚，无法下咽，令人恶心。克鲁姆气愤之余，随手拿起一只马铃薯，切成极薄的片，骂了句便扔进了沸油锅中。结果好吃极了，他一连品尝了几片，确实香酥可口。不久，这种金黄色的、具有特殊风味的油炸土豆片，就成了美国特有的风味小吃而进入了总统府，至今仍是美国国宴中的重要食品之一。

1973 年，*15* 岁的 C·格林伍德收到别人送他的圣诞节礼物——一双冰鞋。他兴奋异常，马上就到屋外结冰的小河去溜冰，结果不到

几分钟便跑了回来，因为外面太冷，耳朵受不了。回来戴上皮帽子再出去，一玩起来就满头大汗。

他终于琢磨出一个办法，请妈妈照他的意思缝了一副棉耳罩，两耳各套一个，十分方便实用。不久，很多人都来找格林伍德要这种耳罩。格林伍德和妈妈一商量，索性把祖母请来，一起做耳罩，公开出售。后来，格林伍德为耳罩取了名字叫"绿林好汉式耳套"，并申请了专利。

他很快成了世界耳套生产厂家的总首领，并成了百万富翁。

鸡尾酒是今天社交中不可缺少的名贵饮料，它诞生在韦斯切斯特的一个小菜馆中。

鸡尾酒的发明权应属于B·弗兰纳根，她是一名普通的女招待。当时，一群军人在狂饮，他们不时大喊着："酒！酒！"弗兰纳根忙得不可开交，而搅拌酒的木棍又丢了。于是，她急中生智，从邻居处拿来一把鸡毛，放在每只酒杯中一根，端了上去，请军官自己搅拌。一个法国军人感到很新鲜，大呼一声："为鸡毛万岁干杯！"——于是，鸡尾酒问世了。

71. 我还活着吗

1977年4月4日下午，南方航空公司第242号班机开始向阿拉巴马州亨兹维尔市降落时，我把安全带扣好。在整个飞行过程中，由于气流震荡不定，我和机上另一名乘务员凯西差不多都系着安全带坐在折叠式的座椅上面。

我和凯西、机长麦肯齐和副机师基尔，都合作得很好。和自己喜欢的人一起工作，紧张和疲劳便容易忍受得多。现在，我们只要再停两站，就可以回到路易斯安那州新奥尔良市家里了。

　　突然间，整个天空乌云密布，暴雨和冰雹猛烈袭击我们的金属机身。乘客面带惧色地望着我。我竭力保持外表镇定。在一片嘈杂声中，我听到左引擎发出"噗！噗！噗！"三下大声响。机舱里灯光忽明忽灭，在电力恢复之前，紧急灯连续亮了几秒钟，过了一会儿，冰雹停了。

　　我拿起麦克风安慰乘客："请扣紧安全带，没有什么可惊慌的，请放心吧，我们很快就可以脱离风暴的。"我说话的那份镇定，连我自己也感到惊奇。等到我闻到烟味儿时，才知道大事不妙。可是，我心里的第一个反应却是气恼。"为什么偏偏发生在今天？"我心想，"再停两站我就可以回家了。"

　　我预料驾驶舱随时会发出紧急信号，但它始终没有发出。我自作主张，解开了自己的安全带，迅速走到机舱中央。竭力控制自己的情绪，向坐在紧急窗门出口旁边的乘客逐个讲解并指点他们怎样扳开窗门，并叫他们复述我的指点，确认他们已确实明白。接着，我示范紧急降落时应该俯身抱紧双脚的姿势，说明撤离飞机时的步骤。

　　我回到座椅时，广播系统响了三声，我拿起电话，听到凯西的声音。"机师们不跟我说话，"她说，"我打开舱门时，看见中间那块挡风玻璃已经破了。"

　　飞机飞得很低，我以为能听见五下紧急降落信号，可没有，只看见机窗外有树干一闪而过。"俯身抓住足踝。"我大声喊道。这是飞机第一次撞地，我的安全带还没扣上。等到飞机再弹回天空时，我赶紧把安全带拉过臀部，吧嗒扣上。

　　飞机第二次撞到陆地时，有一个火球掠过机舱。我看见一个乘客身上着了火，并听到一个女人尖叫，接着，整个世界在我周围崩溃。

　　机舱里到处碎片横飞，我觉得自己仿佛被绑在一个大硬纸盒上，正在滚下楼梯。我翻滚时手脚乱舞，但嘴里一直不断狂喊："坐下，抓紧足踝。"

　　后来我才知道，飞机滑翔了53千米之后才在一个名叫"新希望"

的小镇上着陆。机翼把马路两旁的树木及电线杆削断了很多。左翼撞向杂货店门口的汽油泵和汽车，使它们着火燃烧。

一切都静止了，只有机舱的火焰上下燃烧，发出噼啪声。前面被火墙挡住了，只有一条路可以脱身，我解开安全带，试图打开两个厕所中间的那道紧急机门，可是怎么也扭不开。我开始喘气，深信留在这儿必死无疑。所以，我向前走，护着脸，把烈火像帘幕一样拨开，终于走出飞机到了坚实的地面上。

我精神恍惚地走了几步，便被爆炸声震倒。回头一看，只见我刚才出来的地方已被烈火吞噬。四周都是大块飞机残片，地上遍布烧焦的尸体。有个人的腿动了一下，我跟跟跄跄地把他拖到路上，然后再找其他还活着的人。我瞥见一个乘客跌跌撞撞地从飞机残骸中走出来，衣服还在冒烟，我把他推倒在地，在草里滚动他的身体将火扑灭。

救援车纷纷抵达。一个穿制服的人揪住我的手臂，想说服我离开。

"我是机上乘务员。"我一面说，一面挣脱。我当时首先想到的，就是我们接受安全训练时的那条守则："你应该对你的乘客负责。"

我跑回到那截最大的残余机舱，开始搬开烫手的金属板以拖出更多的尸体，我对旁边的人发出指示，吩咐他们盖好活人的身体及时抢救他们。我完全是凭本能在干，对于自己的伤口，一点儿也不觉得痛。我还记得，我问一个护士："我还活着吗？"她望着我微笑："是的，你没事。"可是，我自己却没有这么肯定。我叫她摸摸我。她用手按住我的手臂，这才使我觉得放心。她竭力劝我上救护车，可是，我不能听从她的劝告，因为我记得自己还有一项责任尚未完成，我说："我必须寻找其他机组成员。"最后，在飞机残骸外面，我找到了机长麦肯齐和副机师基尔的尸体。我开始颤抖……

这次坠机导致61名乘客和两名机组成员死亡。另外，还有9名"新希望"镇居民丧生。我和凯西及12名乘客幸免于难，但生还乘客中却多是重伤者。

国家运输安全局调查结果，失事原因是飞机飞人风暴时，两具引擎都吸入了大量雨水和冰雹而失灵。此外，该局还称赞凯西和我挽救了许多人的生命。然而，我并不觉得自己是个英雄。相反，我觉得内疚。我想到我未能挽救的乘客，想到我们给镇上居民带来的灾难。我知道，无论是和罹难者的家属比较，还是和由于烧伤而不能过正常生活的生还者比较，我所受的痛苦是多么不值一提。

经过许多天后，噩梦和回忆仍然折磨着我。我会情不自禁地痛哭一场，夜里常常会被自己的尖叫声惊醒。为了逃避心灵的折磨，我开始接受治疗。等到觉得自己比以前坚强些了，我驾车回到了出事地点，看到出事现场一度烧焦的土地上又绿草如茵时我觉得："一切都已过去，真的过去了。"

我继续接受治疗，对飞行的顾虑终于渐渐消除。四年之后，我再次担任客机乘务员。几个月后，在一次飞行途中，有个很面熟的乘客笑着对我说："你是桑迪，是不是？"原来他也是那次飞机失事的幸存者。我想到我们曾经共同经历的那段灾难，忍不住哭了。他走下飞机时，转身向我挥手。我心里涌起一片欣慰之情："这次，我可使你安全下机了。"当我向其他乘客逐一说再见时，我对本身的工作和我自己，都充满了信心。

72. 他从千米高空掉下来

1980 年 7 月 26 日。新西兰北岛。

16 岁的中学生提莫赛又是兴奋，又有些担心。今天，他将去参加一项勇敢者的运动——跳伞。他已经在奥克兰空降学校受过 4 个小时的训练。他也在地面上看过别人跳伞。那次跳伞是一个十四五岁的小姑娘，她跳得帅极了。看着她一个筋斗从飞机里跳出来，顺利地打开五彩的降落伞，晃晃悠悠地在空中蹬腿舒胳膊，然后不偏不倚地降落在机场上，这实在令人神往。他心里想，既然那么一个小姑娘都能跳伞，他为什么不能？记得昨天晚上吃晚饭的时候，他曾经跟妈妈开过玩笑说："妈，你拿些什么好东西来招待我？也许，这是我最后的一餐晚餐。"他妈妈也打趣着回答他"别说傻话了，只有坏人才会短命。"可见，他回家里人心里都不紧张。

上午 *10* 时左右，他和好朋友戴维一起到达机场。他们看别人一个接着一个上飞机，一个又一个地跳下来，没有一个不是顺顺当当的，他就越发感到自己的跳伞也是有把握的。一直到了下午 *3* 点，才轮到他们登上飞机。

这天天空很晴朗，朵朵白云在空中飘荡，载着他们飞上蓝天的那架塞斯那 *172* 型机的机身上一道青一道白，看上去有点像斑马，煞是漂亮。现在，他和另外两个新手已稳坐在机舱内。飞机越飞越高，很快就到达 *1 100* 米的高空，这是他们跳伞的高度。他们的跳伞教练为人和蔼，经验丰富，曾经指导过好几百个新手跳伞。就在今天，他也已经指导过五批新手了。现在，他走到提莫赛的身边，拍拍他的肩膀，笑着说："嗯，你怀里藏的是什么？"他装模作样地低下头来听了一阵，说："噢，原来是一只兔子，难怪怦怦地跳呢。"这句玩笑话逗得在座的几个人全哈哈大笑，紧张的气氛马上一扫而光。"第一号，预备！"首先跳的是一个二十四五岁的青年。"跳！"这青年跳出了飞机，打开伞，徐徐降落了。一切都显得那么正常，那么完美。教练又叫了："下一个！"第二号是提莫赛，他显得有些紧张，做了几次深呼吸后，他沉住了气。驾驶员命令飞机减速。提莫赛面对机首，双手紧抓机翼支柱，只觉得强风刀一般地刮在他脸上。他可以放心地跳出去，不用拉伞索，因为首次跳伞的人，只要跳出机舱不出几秒钟，伞就会自动打开。

"跳！"教练发出了口令。提莫赛向后一跃，远离了飞机。但是，

163

不知为什么他向后翻了一个筋斗。降落伞正要打开，但有些绳却与他的腿纠缠在一起了。他的头在上，脚在下，落得虽然有些快，但有飘飘欲仙的感觉。他抬起头，希望能在头上看到一具使他安心的五颜六色的降落伞在他头上飘动。但是，他看到的竟是一团杂乱不堪的绳索，系着一个出了故障，只打开了一半的伞。他"啊"的叫了一声，惊骇极了，急忙拉动绳索，希望伞能被抖开来。伞剧烈地摆动起来，但未能阻缓急坠的趋势。耳朵边风声在呼呼直响，提莫赛吓坏了，心里默默地在叫嚷："我的降落伞张不开了！天哪，为什么偏偏会让我碰上？"落下去的速度相当快，估计时速有 90 千米。每过几秒钟，他的身体就不由自主地要旋转一次。

蓦地，他记起跳伞学校总教练丁沃特教过他们的应急措施："万一你的降落伞失灵打不开，就把它丢掉。它离开你的身体时，会拉动绳索把后备伞打开的。"对，后备伞！提莫赛用力拉动释伞圈，抬头看紧急备用伞有没有打开。但就在这一刹那间，一声闷响，他结结实实地掉在机场边上的农场地上，然后弹起来又落到了旁边。等他记起应急措施来，已是太迟了。

机场上站着十几个跳伞俱乐部成员，他们眼睁睁地看着提莫赛在空中打不开伞，速度越来越快地落向地面。有的人闭上了眼睛，有的人吃惊得捂上了嘴。等提莫赛落地后，人们纷纷朝出事地点跑去，唯独总教练丁沃特一人没有跑。他见过跳伞出事，知道凡是伞打不开的，十个有十个是必死无疑的。他心里在想："多惨，这么个活生生的孩子完了，这事怎么向他父母交代？"

提莫赛躺在那里一动不动。他的左上臂折断了，臂骨白森森地像根棍子直插进泥里。离他身子两米开外，一个身子的轮廓清清楚楚地显出来。这是他第一次碰在地面时碰出来的。一个人在喊："死了！他一定死了！"谁知，话音刚落，提莫赛已苏醒过来，他呻吟了一声，抬起头来，说："对不起，事情都被我弄糟了。"一个女人高兴得尖叫起来："丁沃特，快来，他还活着！"丁沃特飞快跑来，他不相信会有这等事。

叫急救车的电话早挂出去了。人们不敢移动提莫赛的身子，怕一动，会加重他的伤势，增加他的痛楚。一直过了 25 分钟，急救车才开到。人们小心翼翼地将他抬上了车。这里离泰晤士医院有 50 千米路，一路上提莫赛又昏了过去。等到医生检查完毕，才发现他左脚骨折五处，左臂骨折两处，肺部分瘪塌，气体使两肺无法扩张。这是最危险的。他的妈妈来了，她流着眼泪默默地坐在他的床边。48 个小时过去了，提莫赛竟奇迹般地度过了他的危险期。

这使大家都感到欣慰和幸运。医生说，幸亏他是掉在泥炭地上，而且是侧着身着地的，这才救了他的命。

以后的三个星期中，提莫赛动了六次手术。慰问信源源不断寄来，竟达 300 多封。

住院 77 天后，提莫赛已可以出院了。他的左脚有些瘸，走起路来一拐一拐的，身上留下了一些伤痕。但是，除此之外，他却活得好好的。这真是奇迹！要知道，他可是从 1 100 米的高空中摔下来的呀！

73. 海底脱险

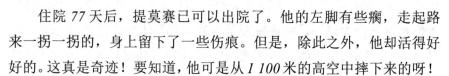

1979 年 6 月 16 日，潜水船"北极鹅嘴"号驶出了纽约长岛的琼斯湾。3.5 小时后，驶近了目的地，在那里抛下了铁锚。我们是去打捞一艘 1918 年遇难的，名叫"圣选戈"号的美国重型巡洋舰的。距离我们不远处，停着一艘货轮，也不知是为了什么原因停的。

我穿上潜水衣，收拾停当了，然后扑通一声跳入水中，朝着锚索游去。我下潜了 7 米光景，就已经能够辨认出失事船只黑魆魆的轮廓来，它就像一座大教堂的废墟那样，在海底耸立着。

我向船尾游去，想在舰身上找到一个人口处。将这艘军舰底朝天翻了个个儿，停在 30 米深的水下，当我游进舰内迂回曲折的漆黑通道时，顿时感觉到一种震撼神经而又使人毛骨悚然的孤独感。

我发现了人口处，游了进去，用手电筒向前廊四周照射。猛然间，传来了一声巨响。我转身朝第一舱壁游了十几米。当我游到那儿时，不由得惊呆了。刚才听到的竟是一堵舱壁倒塌下来的声音。这一下，把我原先进来的人口堵死了。我陷入了困境。

我的心脏在剧烈地跳动。我现在的困境正是我自己一手造成的。我没有系上指引我返回的保险绳，没有带替换的空气桶，尤其糟糕的是我没有带一个一起潜水的伙伴。我过于相信自己的资历、自己的经验了。我的脑海里立刻闪现出四年前的情景：我的一个潜水伙伴单独下水，也是被堵在沉船中，当时他慌了手脚，竟解下潜水装备，拼命想钻出来。他的手指因为企图扯裂船壳而抓扒得皮开肉绽，白骨外露。即使是这样，大海还是将他留在了海底。我马上使自己放松下来。我对自己说："别怕，别怕，越是激动越会将空气耗得越快，……我的体质不错，空气还足可以使用 25 分钟……一般来说，炮塔中间有一条路，如果能找到，我就能脱险。"但是，就在我弯弯曲曲地穿行在迷宫式狭窄的走廊里时，我还是强烈地感到自己的生命处在极端危险之中。

这是走廊的岔口，右边是乱七八糟的管子和破碎杂物，我只好选择了左边的路，但游了十二三米，便到了没有出路的尽头。我退了回来，小心翼翼地绕着过道里的管子和其他破碎杂物向右边游去。才游了约七米路，我手电筒的灯光就开始暗淡下来。要是没有灯光，我就如同盲人一般，无法找到周围的任何出路。在第二条通道里，我突然瞥见了从船壳的一条裂缝中射进来的亮光，但裂口太小，我钻不出去。我得马上想出一个主意来求救。

　　我找到了一截钢管儿，把我的一只橡皮手套套在钢管儿头上，然后把手套伸出裂口，在水中来同挥动。要是有一个潜水员发现它，他就至少能够通过狭窄的裂口，补充几只空气桶来给我。这一招儿果然奏效，不一会儿，真的来了一个潜水员。我将一条胳膊伸出裂口，用小刀在船壳外沿刮出这么几个字："被困……空气……绳索。"那个潜水员点点头，摘下自己的空气桶塞了进来。然后一个飞鹤冲天，直向海面上蹿去。他准是我的好友拉斯。只有他，身形才这么瘦削，也只有他，才有这份机灵。估计拉斯一定会来救我，我决定在这里等待。

　　果然，不一会儿，我听到了拉斯向我游近时呼出的气泡声："噗，噗，噗！"紧接着，拉斯把带来的一只空气桶推进来。每一桶空气将额外给我 30 分钟的时间去设法闯出这个水下迷宫。我已感到精神好些了，拉斯还给我带来了一只手电筒和一条长长的保险绳。我急忙一手抓住手电筒，拉住保险绳的一端，又潜回到失事舰只的深处。

　　为了避免气息急促，我给自己规定了步速，谨慎小心地游过杂乱无章的狭窄走廊和凌乱地散布着杂物的空间。我不断地冲撞管子、碰在凸出的尖物上面，并且拐错了弯儿。恐惧使我喘不过气来。

　　不久，我来到了一个类似一座炮塔的内部的地点。那里有一个狭窄的洞口儿，如果我卸掉空气桶把它拖在背后，我的身体也许可以刚刚通过。无论如何，我要在这儿碰碰运气了。

　　当我挤过洞口儿时，一不小心，空气桶从我手里脱落了。调节器一下子从我嘴里抽出去，差点儿将我的门牙拉掉。我必须迅速做出抉择：要么去寻找我那失落的空气桶，要么沿着保险绳退同二十几米再取同另一只空气桶。我自己也不相信，凭我现在肺里的这一口气，我能顺利找同失落的那只空气桶吗？

　　就在这个节骨眼儿上，突然，我觉得被什么东西抓住了右肩。心慌意乱中，我回头一瞧，上帝保佑，原来又是拉斯！他是通过另一个洞口儿下来的。我一把抢过他的口罩，猛吸了几口空气。这下，我可得救了。我们共用着空气桶，沿着他身后拖着的保险绳，一路平安地蹿上了海面。

船上的伙伴正急得像热锅上的蚂蚁，我前后已在水下待了70分钟，他们分头几次下水都找不着我的踪影。他们以为我早没命了。

回到潜水船上，我脱下潜水衣，打算向身后的拉斯道谢，不料，我吃惊地发现，我的面前竟又站着一个拉斯。我回过头去，那人已脱下潜水衣，只见那个我一直以为是拉斯的人，竟是一个十五岁上下的陌生的大孩子。我不由得激动地一把拉住了他，说："你是谁？……真，真太谢谢你了。"

原来，他是那条货轮上的船长的儿子。他瞒着他爸爸，偷了随船捎带的潜水器具在偷偷练习潜水。他也发现了这条沉船，不料竟无意中救了我一条命。

我执意要送他一份礼物以表示我的心意。但他连连摆手，只是附在我的耳朵上急切地说："这事千万别让我爸爸知道了，千万！"说着，他吐吐舌头，做了一个鬼脸儿，又下水去了。

第二天我才知道，他爸爸最终还是知道了他偷偷潜水的事，因他违反船上的规章而被关了两天禁闭。

至于说这条货轮上怎么会有潜水器具，而他们又因何停泊在那儿，船长又怎么会将儿子带在身边，至今，对于我还是一个谜。

74. 神秘玛雅探险记

献神井，是古代玛雅人的神圣供奉地，也是玛雅文化的重要组成部分。信奉神灵的玛雅人，每年都要在固定的一天，在祭司的领导下，将自己认为最珍贵的宝物投入到深不见底的井水中，以示对水神的尊敬。年复一年，这井水就成为无数财宝的栖息地。这里数不尽的财宝首先吸引了无数海盗的目光，他们不择手段地寻宝几乎摧毁了玛雅文化仅存的文明。

为了保护先人创造的灿烂文化，探寻古代玛雅文明的奥秘。1961年，人们开始有组织地对沉没在水中的玛雅废墟进行考古和探险。比尔就是探险队中的一位成员。

当比尔来到玛雅废墟时，发现它已经变成一个巨大的浅礁湖。在这里，玛雅文明再次向人们展示了它的神秘莫测。"浅礁湖"的湖水分为上下两层，上层为淡水，下层为咸水，而且界限分明，互不相融。比尔惊叹于玛雅文化的魅力，它使得大自然也对它宠爱有加，为它设计了如此不同凡响的栖息之地。

比尔和潜水员一起在淡水层中摸索前进，他们在一块礁石的石壁旁发现了一个只能容一个人进出的洞，便先后钻了进去。石洞弯曲悠长，四壁却光滑整齐，根据资料分析，比尔初步判断这应该是古代玛雅人进出的通道。他们顺着石洞，一会儿就到了一个相对宽敞的地方。这里，顶部被很多巨大的珊瑚礁覆盖着，只有两个小孔可以透进几束光线，内部的水极其清澈，在光线的照射下摇曳多姿，灵动而美丽，仿佛置身于水晶宫中。比尔猜想，这里大概曾经是玛雅人的火葬场，而那两个透进光线的地方，多半就是火葬场的烟囱了。

从"火葬场"出来，在返回途中，比尔突然感觉到脚下有一股暖气流，为了探个究竟，他故意让身体往下沉，并不时用脚尖试探地面，却始终触摸不到任何东西。他继续下沉，终于，脚尖感觉到一个尖尖的东西，似乎是城堡的顶部。随着身体的下沉，周围的光线也越来越暗，到最后几乎看不见任何东西了。就在这时，比尔感觉自己的脚好像把什么地方踩塌了，紧接着他的整个身体就一直往下掉。当他停下来的时候，他感到自己像是掉进了一个黑暗的水下地窖里，四周有石块儿堵着去路。比尔猜测这里应该只有一个出口儿，就是头顶那个自己刚刚穿过的洞。可是水底伸手不见五指，漆黑一片，再加上在水底呼吸困难，要找到刚才的进口儿是很难的。如果找不到，那么，比尔就很有可能从此和玛雅古城一起长埋水中。可比尔毕竟是一位经验丰富的探险家，有着各种求生的技巧。他呼出的气泡给了自己希望。气泡在海底翻涌着上升，通过了狭窄的洞口儿，他紧随气泡上升的方位，成功地逃离了水中地窖，浮出了水面。

比尔的顺利归来增强了队员的自信，也为水下作业提供了宝贵的经验。第二天，探险队员卡路斯和吉那罗也在水下发现了神祭坛。

探险队的第二站是一个叫吐路圣地的地方。这是个建筑物的圣地。城堡像炮台，传说这儿的人们用它一次又一次打败了敌人，保卫了家园。探险者还在城里发现了一个带有天然空调的民居，房间里布满小孔，可使来自海洋的风流入室内，从而使屋里凉爽，人住在里面能够舒适地生活、工作。探险队员还发现了一口小井，比尔和同伴率先钻了进去。在井里，他们找到了很多玛雅人的宝贝，像石头念珠、贝壳、石雕、玉做的珠子等，它们都是玛雅文化的见证。人们相信这就是玛雅人拜神的圣地——献神井。

这次的探险揭开了玛雅人许多不为人知的秘密。探险家运用自己的智慧为今天的人们寻找到了人类失落的文明。

75. 为正义而战的警察

麦克是一位正直的黑人警察，他憎恨许多警察披着执法者的外衣，而私下里却干着见不得人的贩毒勾当。在一次邂逅后，他向华盛顿警局内务处警官哈默，倾诉了内心的不满。

哈默正在搜寻警察贩毒的证据，但苦于警局警官的排斥，毫无战果。他就想请麦克帮忙。麦克知道凡参与贩毒的警察多数和黑社会是有联系的，一旦被他们识破，肯定会遭到他们的报复。麦克慎重地考虑了好一会儿，建议哈默请一位朋友扮作毒贩找警察买毒品，而他自己在行动中只是起个中间人的作用。

过了几天，麦克带着一位黑人女郎找到了警察罗纳德。

"罗纳德，我来介绍一下，这是珍妮，她想买点货。"

罗纳德冷笑两声，说："珍妮警官，好久不见了。"

"我不明白你说些什么，咱们从没见过面。"珍妮说完赶紧走到了麦克的身后。

罗纳德拍拍麦克的肩，说："麦克，我是个正派的警察，没有什么毒品，请你带着这位缉毒队的警察走吧！"

说完，不等麦克说话，他就"砰"地一声关上了大门。

第一次出兵就失败了。麦克有点灰心，心想，如果罗纳德知道我与缉毒队合作，死神就离我不远了。

麦克来到了哈默家。

"我不愿干了，"麦克望着哈默说，"我有老婆孩子，如果我出了意外，他们怎么办。"

哈默叹了口气，说："好吧！麦克，如果你不愿干，我也不拦你，但我会继续干下去的。"

第二天，哈默接到麦克的电话。

"对不起，哈默我能收回我的话吧？家里的人都劝我去做，他们说吸毒的孩子，好多都是黑人孩子，为了同肤色的人，我也应该去帮助他们。而且，孩子们希望有一个勇敢的警察爸爸。"

经过研究，麦克决定亲自出马，与毒犯打交道，而突破口则是罗纳德。一天晚上，在一辆普通的面包车里，芝加哥缉毒队的技术人员将一只微型话筒放进了麦克的口袋中。

哈默用力地握住麦克的手说："麦克，祝你好运。"

麦克咧嘴笑了："放心吧，哈默，我们会成功的。"

哈默又提醒麦克："麦克，你要给我们提供毒贩的交易情况，一定要讲清楚买什么，价值是多少！"

麦克又再次敲响了罗纳德家的大门。

罗纳德把麦克推进屋，又回头向门外打量了一番，见没人跟踪，才放下心来。

麦克坐在罗纳德卧室的沙发上，寒暄之后，对罗纳德说："我需要海洛因。"

罗纳德一听笑道："你早就该干这个了，钞票进腰包的时候，挡都挡不住！"

说完，他拿出一包海洛因来递给麦克。麦克故意大声点着钱，点好后，交给了罗纳德，说："一共 500 美元，头一包海洛因。"

这次交易的对话，成功地录在了缉毒队的磁带上。接连几次交易之后，罗纳德竟主动来找麦克了。

两人按约定来到了一座废弃工地上，罗纳德突然亮出了手枪。

"麦克，你这个混蛋，你出卖了我和我的朋友。"

麦克佯装恼怒的样子喊道："我要的是钱，你懂吗，钱！这买卖如果你不愿意再做下去就算了，想和我干的人多得是！"

罗纳德听了麦克的话，收起手来，咧嘴说："麦克，别生气，我错怪你了！"

半年后，时机成熟了，缉毒队开始行动，一举摧毁了警察局里的贩毒网。罗纳德被判了六十年监禁。

这次行动取得了成功，但麦克却受到了黑社会的报复。

一天夜里，三个蒙面人冲进了麦克家中，绑架了他。他们把麦克带到一个地下室，狠命地殴打麦克，说要为他们的兄弟报仇。

当警察找到麦克时，他已是遍体鳞伤，肋骨被打断了三根。他牢牢抓着哈默的手，说："我要去抓贼，因为我是名警察，是警察就要为正义而战，而且孩子们希望有一个勇敢的警察爸爸。"

76. 使馆纵火案

炎热的夏天，太阳就像一个巨大的火球，炙烤着非洲大地。在非洲一个小国首都的使馆区内有条僻静的小巷，由于正是中午最热的时候，小巷里一个人也没有。大家都躲在家中避暑。

忽然，某国使馆朝南的窗口冒起一团红色的火光，接着，大火冲天而起。

这下，整个小巷变得"热闹"了，人们用不同的语言大喊："快跑呀，着火啦！"于是，小巷中人头攒动，大家纷纷跑到了外面。

五分钟之后，消防车呼啸而来，消防员拖着水管，冲向了着火的某国使馆，顿时一条条水柱喷向了大火……

大火扑灭了，但为何失火？某国怀疑是该国反对派干的。于是，非洲小国总统下令，一定要调查出失火原因，否则有损两国友好关系，在国际上造成不好影响。调查失火原因的重任落在了首都刑警队长达斯克身上。

达斯克是个做事情一丝不苟、严肃认真的人，他来到了失火现场。经调查，大火是从朝南的厨房窗口烧起的。但厨房用具完好，管道安全，并没有受到大火的损伤。

达斯克瞟瞟呆坐在一旁的厨子，厨子是个面相忠厚的胖子。他的肩头被大火烧伤了，上面绕着纱布，正双手死死揪着自己的头发，喃喃自语："不是我放的火，不是我干的。"

达斯克也不相信厨子是纵火犯，因为厨子并没有什么政治背景。刑警队长查了三四天，仍没有线索，急得他团团转。朋友劝他放松放松，达斯克答应了。

晚上，达斯克和朋友到酒店去喝酒，他心情烦躁地喝了一杯又

173

一杯，不管朋友怎么劝他别喝了，他都不听。

"小姐，给我把这瓶酒拿来！"达斯克指着架子上的酒说。

这时，酒店里旋转的霓虹灯，朝酒瓶投来一束光束，酒瓶被照得发出黯蓝色的光辉。达斯克怔住了。忽然，他使劲敲了敲自己的脑袋，骂道："我真蠢，怎么早没想到呢？"

第二天，刑警队长跑到了另一个朋友家，这个朋友住的房子跟大使馆的房子相像，是在街道北面。达斯克在这位朋友家做了一个实验，证实了他的推测。他兴奋地大声喊着："找到了，找到了，失火的原因找到了！"

三天以后，达斯克把报社的几位记者和领事馆负责人、厨师都请到他朋友的屋子里来，说向他们揭示发生火灾的秘密，大家都不相信，但是又很好奇，就都来了。

隔了一会儿，厨师伸手拿窗前的玻璃瓶想倒水喝，达斯克拦住他，说："别动，我请各位到这儿来，就是因为这儿的布置跟使馆内的厨房布置一个样，你们如果乱动的话，会把纵火犯吓跑！"

大家都被他搞得莫名其妙。厨师环视了一下屋子，的确同厨房的布置相差不多。

达斯克说："你们要口渴的话，可以到冰箱里拿汽水喝。"说完，他看了看手表，"不要着急，再等一会儿，纵火犯就会露面的。"

大家嘴上不说，心里却暗想："达斯克是不是脑子有问题。"突然，达斯克喊了起来，"看，纵火犯开始活动啦！"

众人瞅瞅四周，没任何变化，不明白他搞什么鬼。

"你们看玻璃瓶，看盘子。"

大家把注意力移向玻璃瓶和盘子。可是，这有什么好看的？太阳光照着玻璃瓶，透过玻璃瓶和水，将光线射在桌布和盘子上。

桌布在阳光的照耀下，出现了一个很亮的点儿，就像我们拿一个放大镜，放在太阳光底下，下面放一张纸，纸上出现一个亮点一样。

领事馆的负责人说："这有什么看头！"

达斯克给了他一个白眼，"注意！别走神！"

一会儿，那个亮点儿的地方冒起了一点儿烟，接着出现一点儿火苗，同时还发出了糊味，桌布很快给烧了一个窟窿。

实验结束后，达斯克笑眯眯地解释道："看到了吧，火灾就是这样发生的。这个玻璃瓶的作用就像凸透镜，它把阳光集中在一个焦点上，使那儿产生了很高的温度。可这位厨师恰好把桌布铺在玻璃瓶底下，谁想到呢？太阳光通过玻璃瓶把桌布点燃了就引起了那场大火。"

众人这下全明白了失火的原因。

77. 智擒魔头

法国理发师默尔是个聪明能干的小伙子，他在巴黎开了一个理发店，由于店面太小，生意一直不好，眼看就要支撑不下去了。这一天，他正待在理发店看报纸，希望能从中找到发财的机会。

忽然有一条消息吸引了他，原来，警方悬赏 15 万法郎捉拿一个连杀三人的凶犯弗朗希斯。

金发，1.85 米，携左轮手枪……15 万法郎。唉，这家伙真值钱，要是我有 15 万法郎，我就可以把店面开得大一些，再雇几个人，唉，白日做梦，默尔暗想。

这时有人走了进来，默尔慌忙起身，却见来人，身穿大风衣，嘴上戴了个大口罩，鼻梁上还架了副墨镜。那人走到默尔面前，低声说道："我要染发。"说完一屁股坐在椅子上。

默尔友好地拍拍他的肩，说："先生，请把口罩摘掉。"话音未落，默尔感到一个硬邦邦的东西顶住了胸口，低头一看那竟是一把手枪。

默尔心中暗暗祈祷，千万别碰到那个杀人魔头，我可不想挣那 *15 万法郎*。摘下口罩一看，默尔不禁暗暗叫苦，那张脸和悬赏通告上印的一模一样，就是凶手弗朗希斯。

默尔颤巍巍地拿起白围巾给弗朗希斯围上。弗朗希斯冷笑两声，说："子弹不长眼，别耍花招！"

默尔使劲点头，转身去拿剃刀。弗朗希斯一把扯住他，说："用电剪给我剃胡子，我可不愿意刀子架在自己的脖子上。"

默尔只好照办，操起了电剪。在电剪的"嚓嚓"声中，默尔此刻多么希望警察能从天而降。这个残忍的凶犯，竟想借我的手，变一副模样，让警察认不出来他，他又会去为非作歹，这可怎么办，想着想着，默尔的额头就渗满了汗珠。

弗朗希斯把这一切都看在了眼里，暗中嘲笑起这个胆怯的理发师，便故作轻松地安慰他："别太紧张啦！只要能给我换一副模样，我是不会杀你的。"

默尔搓搓手，装出害怕的样子，说："先生，您看这胡子剃得行吗？"一边暗自嘀咕："看我等会儿怎么治你。"

弗朗希斯摸摸光下巴，狞笑着说："不错，好像年轻了三岁。"

默尔讨好地贴到近前，说："最好把金发染成黑色，那就没人会认出来啦！"

弗朗希斯有些放松了戒备，微笑着点点头，可目光却始终不离默尔的每一个动作，只要默尔敢轻举妄动，手中的枪……

默尔取出自己配制的染发药水，东蘸蘸、西擦擦地忙活开了，他一脸尽心尽职的样子，完全迷惑住了弗朗希斯。

弗朗希斯这次来化装，是准备出逃，巴黎最近的风声太紧了，万一给警察抓住可就没命了。他望着镜中已经变成满脑袋漆黑头发的年轻人，觉得连自己都认不出来了，便得意地吹了声口哨。

染好发，默尔让弗朗希斯洗个头。弗朗希斯顿时又恢复了警觉，他拍拍默尔的脸颊，说："你准备将我按在水里，窒息而死吗？"

默尔吓得脸刷白，连声说："不敢！不敢！"

弗朗希斯一把扯去白围巾，说："小子，老子给你100法郎，算是工钱，你老老实实地坐在凳子上，我在对面的咖啡店看着你，要报警的话，枪子可不长眼！"

说完这些话，弗朗希斯在门口一闪就消失了。

默尔踮着脚，瞅瞅对面生意清淡的咖啡店，稀稀拉拉的几个人中间，根本没有弗朗希斯的影子，然后，他转身关好店门，去警察局。警察局的凯米警长接待了默尔。

默尔先是自我介绍了一番，便拿出当天的晨报，指指弗朗希斯的照片说："如果我帮你们抓到凶手，真会得到一笔钱吗？"

凯米警长说："提供准确线索，能得到10万法郎，另外5万给有功的警察当奖金。"

默尔非常高兴地说："我刚刚给弗朗希斯染了头发。"

凯米迫不及待地问："什么颜色？"

"黑色。"

"你开什么玩笑，巴黎少说也有50万个黑头发的人。"

默尔忍不住哈哈大笑，附在警长的耳边说："你别小瞧了那头黑发，那可是用我精心配制的药水染的，不出30分钟，药水就会起化学反应，变成绿色，弗朗希斯就成了满头绿发的怪物。"

凯米警长听到这里，惊奇地瞪圆了双眼，不禁恍然大悟，他取出对讲机，要求总部向所有车站和码头发出通知，捉拿已被染成绿头发的杀人凶手弗朗希斯。

半小时后，警察在码头上抓住了弗朗希斯，他正到处找理发匠，想剃个光头。

78. 保龄球里的凶器

这是一个阴雨绵绵的日子，在美国的一个保龄球场上，一对女选手正在激烈地角逐着，这可到了决出冠亚军的时刻。优胜者将获得 *100* 万美元的奖金。

第一位女选手出场了，她抓住保龄球，用力朝前一扔。这球扔得真漂亮，两旁观众则报以热烈的掌声。女选手瞧着球道，开始了第二次投球，或许是过分紧张，球偏离了球道。

几次下来，这位女选手的积分并不高。解说员认为她今天发挥得有些失常。

接着，轮到选手安丽娜出场了。她十分自信地向观众挥挥手，好像胜券在握。有认识她的人不禁鼓起掌来为她加油。

安丽娜的手刚触到保龄球，突然尖叫一声，随后跌倒在地。

观众席上一片哄笑，可半天安丽娜也没爬起来，大家便议论纷纷。安丽娜的教练急了，冲到安丽娜跟前，用手推推，安丽娜竟丝毫没有反应。教练一惊，用手试了试安丽娜的鼻息，却已没有了气息。

难道安丽娜有心脏病，突然发作了吗？

经过检查，死因是尼古丁中毒，致使呼吸中枢麻痹。这是一种剧毒，哪怕是微量的尼古丁，一旦进入血管，就会在极短的时间致人死亡。

侦查科的警官迈克来现场，他看了看助手给他的检查记录。这时，保龄球馆的观众已经走光了，仅留了裁判员和教练几个人。迈克叫来了那些裁判员和教练，他的目光像一把刀子，令几个人打了个冷颤。

这时，验尸官趴在迈克耳边嘀咕了几句。

迈克一言不发地拾起保龄球，在手中转了几圈，用手向球眼里探了一下。然后，迈克掏出手绢，擦了擦手。

原来，迈克的右手指尖上，被暗藏在保龄球内的针尖刺伤，尼古丁毒液就是从这儿进入体内的。

迈克在几位教练和裁判员面前来回踱了几步。很明显，安丽娜是被球眼里的毒针刺伤中毒而亡的。迈克的目光扫视了一圈在场者，那位裁判员面色紧张，一个劲地擦汗。迈克心想：裁判员有嫌疑。裁判员一见迈克盯着自己，吓得倒退几步，双手直摆，连声说："不是我！不是我！不是我干的！"

迈克回过头叫两个警察架着已经吓瘫的裁判员来到体育馆的小房间里。

迈克一言不发，托着下巴，意味深长地望着裁判员。

裁判员突然变得有些口吃了："我……我……我知道你怀疑我，我看见她昏倒的时候，球正好滚过来，我就立刻把它收起来了。等一会儿，我去把它拿出来。"

裁判员跑了出去，没多久把球抱了进来。可是，把球拿来一看，在保龄球上的三个眼中，根本没有毒针，而且也不像装过毒针。其实，案发时，迈克也在现场，是个观众，印象中没人进行过调包。

裁判员见迈克露出惊疑的神态，更着急了，慌忙说："我再出去找。"

迈克一把拦住了他，说："事情发生后，你有没有看见别人动过保龄球？"

"没有，绝对没有！"

"既然如此，我们暂且想让先生委屈几天，等事情弄清楚了再说。"说完，迈克吩咐手下人带走了裁判员。

经过检查，终于找到了安丽娜用过的保龄球，这是只仿造的保龄球，同真的一模一样，并且在球的手指眼内安上了毒针。

　　迈克拿走了那只保龄球，并把剩下的都锁进了贮藏室。做完这一切，他对记者说裁判员是嫌疑犯，而且有同伙，同伙的指纹肯定印在了保龄球上，只要找到那只保龄球，就能破案。

　　一连几夜，迈克带着几个警察潜伏在保龄球馆里。能否成功，就看凶手上不上钩了。

　　迈克摸摸手枪，子弹已经上膛了。突然，门外传来吧嗒一声，有人撬锁，凶手终于来了。迈克压抑住心头的兴奋。一个黑影蹑手蹑脚溜进大门，来到贮藏室前，掏出钥匙。接着，里面听到了翻动保龄球的声音。

　　迈克朝几位警察打了个手势，几位警察便悄然无息地围了过去。迈克藏在门外边，猛地打开了电灯。贮藏室里顿时灯火通明。这突如其来的光亮吓坏了那个黑影，那个黑影想逃，但来不及了。他抓起一只保龄球，使劲地朝迈克头顶砸去。

　　"叭！"迈克抬手一枪，正击中那个黑影的手腕，他大声呵斥："再动，就打死你！"

　　经过调查，凶手是负责送球的管理员，是安丽娜竞争对手的哥哥，因为比赛获胜者将得到一大笔奖金，他不愿意这笔奖金被外人夺走，便铤而走险。

　　至于裁判员，在捉到凶手以后，便被迈克放了。

79. 傍晚时蚊虫为什么会成群飞舞

　　人们在野外走路，常有成群的蚊虫在头的上空来回地飞舞，随着行人而移动。原来，这成群飞舞的蚊虫，主要是雄蚊，雌蚊占少数。他们正在空中交配准备繁殖后代。

蚊虫的交配，主要在飞舞中进行。飞舞的形成，与光线、声音、空间、时间都有关系。大多数蚊虫，都在日落或日出前后进行飞舞，而在强光下是不飞舞的。一般说来，在 1～10 支烛光的亮度下最为适宜，全暗或强光都不适宜。光波的长度与飞舞似乎没有关系，但颜色却有关系，绿色比红色对飞舞有利。

各种蚊虫飞舞时还要选择适宜的地点。例如按蚊、伊蚊和库蚊，都喜欢在较大的空间飞舞，而白纹伊蚊和埃及伊蚊，就不需大的空间也能飞舞进行交配。还有如尖音库蚊淡色亚种和致乏亚种，一般多在室外空间飞舞，但在小空间也可以飞舞而完成交配任务。

一般来说，野外的蚊类常以大空间飞舞为交配的条件。不仅如此，有些蚊类，飞舞时还要选择一定物件的上空作为场所，例如重绘按蚊，喜欢在新鲜牛粪上空 30～60 厘米处飞舞，边飞边交配。又如我们常见的家蚊尖音库蚊淡色亚种，则喜欢在屋檐附近飞舞。

80. 为什么虾、蟹煮熟后会变色

虾和蟹的颜色，主要是它们的甲壳下面真皮层中散布着的色素细胞所起的作用。真皮层中散布着许多不同颜色的色素细胞。这些细胞如同其他物质一样，也能吸收和反射光线。相同的色素细胞，吸收和反射相同波长的光线，就呈现不同的颜色。淡水里和陆地上的甲壳动物，真皮层中的色素细胞没有海洋里的甲壳动物那么多种多样，因而色彩也相对显得"单调"些。

一般来说，色素细胞是随着光线的强弱而扩张或收缩的，如同人们眼睛的瞳孔放大、缩小一样。当色素细胞扩张时，细胞内的色素也随着向四周分散，细胞的面积扩大，所吸收和反射的光线也相对增多，颜色就变得明显和鲜艳起来；当色素细胞收缩时，细胞内的色素也随着缩小而集中，有时缩成极小极小的斑点群集一起，细胞的面积缩小了，所吸收和反射的光线当然也会变少，颜色就显得暗淡或不明显。各种色素细胞对光线强弱的反应不同，因此细胞的收缩和扩张情况也不一样。

虾和蟹甲壳中虽有各种不同的色素细胞，但以含有虾红素的细胞为多。经过蒸煮的虾蟹，它们的身体变成橘红色，这是因为大部分色素在高温下遭到破坏发生了分解，唯独虾红素没有遭到破坏就呈现出橘红色。凡是虾红素多的地方，如背部，就显得红些；而虾红素少的地方，如附肢的下部，就显得淡些；再如蟹的腹部无虾红素存在，尽管经过蒸煮，也不出现红色，仍然是白色。

81. 蚕为什么最爱吃桑叶

蚕能吃的食物很多，除桑叶外还有柘叶、榆叶、无花果叶、蒿柳叶、蒲公英叶、莴苣叶、生菜叶、婆罗门参叶等，不下一二十种，但是蚕最爱吃桑叶，这是因为蚕以桑叶为食物过日子的时间最多，子子孙孙一代又一代地繁殖在桑树上，逐渐地形成最习惯于吃桑叶的特性，而且变成遗传性了。

有一位化学家曾经分析过桑叶中的气味。他把桑叶经过 $132℃\sim157℃$ 的高温蒸馏后，在试管中得到了一种油状物，像乙烯醇、乙烯醛。这种物质有挥发性，很像薄荷一类的气味，把它滴在纸上，在 30 厘米外的蚕也能嗅到。蚕嗅到这种气味以后就很快地爬过来。可见，这是蚕最熟悉的信号气息。

蚕是靠嗅觉和味觉器官来辨认桑叶气味的，如果破坏了这些嗅觉和味觉器官，就无法辨别桑叶的气味，于是，它就不再挑剔，而能随便吃些其他的叶子了。

82. 为什么熊要冬眠？冬眠为什么不脱水

缺乏食物是动物冬眠的主要原因，如果食物充足，许多熊不会冬眠，反而会整个冬天都在狩猎。但食物不多时，熊就会躲在洞中过冬。小型哺乳类动物在冬眠时体温会急速下降，但熊的体温只会下降约4℃，不过心跳速率会减缓75%。一旦熊开始冬眠后，它的能量来源就从饮食转换为体内储存的脂肪。

在阿拉斯加为美国鱼类及野生动物管理局北极熊计划工作的野外生物学家汤姆·伊凡斯说，这种生化作用的变化十分剧烈。脂肪燃烧时，新陈代谢会产生毒素。但熊在冬眠时，细胞会将这些毒素分解为无害的物质，再重新循环利用（人体内没有这种机制，如果毒素累积，人类会在一星期内死亡）。这种生化作用也让熊可以回收体内的水分，因此在冬眠时不会排尿。即使不冬眠，北极熊也可以利用脂肪燃烧的机制。这种清醒式冬眠让北极熊可以不躲到洞里，整个冬天都保持活跃状态。

83. 竹子为什么长得特别快

有一位小朋友，曾经遇到这样一件事情：早晨，他将自己的帽子戴在一根刚出土不久的竹子顶上。当下午放学回家时，他跑到竹林里一看，竹子将帽子顶得高高的，他即使踮起脚也拿不着了。

植物中，竹子的生长速度堪称"冠军"，有些竹子的空心茎每天可长40厘米，完全成长后的高度可达35米～40米。竹子之所以长得这么快，是因为它的许多部分都在同时生长。

一般植物都是依靠顶端分生组织中的细胞分裂、变大而生长的。但竹子却不一样，它的分生组织不仅顶端有，而且每一节都有。我们挖取一只竹笋来看，将它一劈为二，可以发现里面的竹节都连得很紧，好像一只压缩的弹簧。当它钻出肥沃的土壤，遇到温暖、湿润的天气时，每一节的分生组织不断产生新的细胞，相邻竹节间的距离就会逐渐拉长。如果每根竹笋有 60 节的话，那么它的生长速度就是其他植物的 60 倍。随着竹子的不断长大，竹节外面包裹的鞘就会脱落，竹子就停止生长了。

84. 为什么黄山松都千奇百怪

凡是游过黄山的人，都会对那里的松树留下深刻的印象。在玉屏楼的旁边，有一棵傲然挺立的古松，它向右边伸展着枝臂，好像热情的主人在迎接来自远方的宾客，人们称它为"迎客松"。玉屏楼的对面，有几棵稳健、挺拔的古松，它们犹如笑容可掬的主人陪伴着客人，人们称它们为"陪客松"。离开玉屏楼去莲花峰的路上，有一棵向左边伸出长枝的古松，它似乎在向离去的客人招手致意，人们则称它为"送客松"。

黄山松长得千奇百怪是那里的环境造成的。在山区，山风昼夜呼啸，从山顶不停地向下吹，山上的松树为了生存不得不改变自己的树形，有的变得形状如旗，有的长成伞形。黄山上大多是裸露的岩石，即使有土壤也十分瘠薄。在水分和养料都十分稀缺的地方，黄山松不得不将根系长得盘根错节，密如蛛网，把企图溜走的雨水拦住；而树干长得矮小点，叶子变得细短一些，在叶面上增加一层厚厚的蜡质，可以减少水分的蒸发。黄山松经过长年累月的折腾，在恶劣的环境中生存下来了，但在树形上留下了岁月的痕迹。

在黄山，千奇百怪的松树多得数不清，它们在悬崖峭壁的衬托下，犹如一件件硕大的盆景，真是令人流连忘返，赞叹不已。

85. 珍稀植物为什么多长在深山

自然界里，珍稀植物大多长在深山里，即使在城市、农村或寺庙里看到的一些珍稀植物，如银杏、水杉，也是人们引种或移栽的，可以说，土生土长的珍稀植物几乎没有。这是为什么？

首先，从地质演变来看，3 000多万年以前，地球上曾发生过多次冰川作用，从北极南下的冰川淹埋了许许多多的植物，使平原上的植物遭到了毁灭性的打击。在山区，由于高山阻挡了冰川南下，许多深山里的植物侥幸地生存下来了，这些植物为以后的发展打下了基础。

其次，山区气候多样化。由于高山的阻挡，北方的冷空气因无法跨越山脉而变性，使山谷和山沟的气温比山外要略高一些。在山区，一座1千米左右的高山，山上山下的垂直温度可相差5℃～6℃；不同坡间的山坡，其单位面积上接受的热量不一样。在地形复杂、气温变化大、降雨不平衡的地方，各种植物的生长和繁殖就会特别兴盛。

最后，深山里由于交通不便，植物的天敌——人类的活动较少，所以植物很少遭到人类的乱砍滥伐，这又使许多珍稀植物得以保存下来。

凡此种种，天时、地利、人和，这就决定了深山里的珍稀植物特别多。

86. 为什么秋天的落叶由绿色变成黄色或红色

春去秋来，大自然都会添新装，树叶会从绿油油的衣裳变成黄澄澄的金装，甚至换上鲜艳的红裙舞动。原来这是与树叶制造食物的功能——"光合作用"有关。光合作用就是植物吸收了阳光，巧妙地把空气中的二氧化碳及从土壤吸收的水分转变成养料。为了进行光合作用，树叶便会制造叶绿素，吸收阳光。

其实树叶里有很多不同的色素，除了叶绿素，还有叶黄素、胡萝卜素等，但树叶进行光合作用时会产生大量叶绿素，由于绿色较强，呈现出来便是绿色，所以我们见到的树叶多数是绿色。

在冬季，气温下降，而且天气比较干燥，有些地区甚至会结冰，所以在进入冬季前，植物会暂时停止光合作用，并把树叶里的养料吸同树茎储藏起来。由于树叶停止光合作用，便不再产生叶绿素，原来的叶绿素，因气温低，慢慢破坏消失。而本来在树叶内隐藏的其他色素如黄色便会呈现出来。有些叶子变红，是因为在秋天时，这些叶子又制造了红色的花青素。不管是哪种颜色，树叶因失去它制造养料的功能，便会在秋天枯萎落下。

87. 为什么有的桃树只开花不结果

每年的春天，我们在公园里、公路边可以看到许多盛开的桃花。花色异常鲜艳，有玫瑰色的、粉红色的、白色的……一簇簇、一丛丛，姹紫嫣红，分外好看，吸引着许多游人驻足观赏。

但是，这些植物有一个特点就是只开花，不结桃子。每当夏末秋初，果园里的桃树已是果实累累的时候，可是它们却只有满树浓绿的叶子。为什么这些桃树只开花不结果呢？

原来这种桃树和果园里的桃树不一样，它是专供开花观赏用的，它们的名字叫"碧桃"。结果实的桃树开的花每朵花上只有 5 个花瓣，而碧桃开的花每朵花上却有 7～8 个花瓣，有的甚至还有十几个花瓣，因此，又叫作"重瓣花"。

重瓣花里只有雄蕊没有雌蕊，或者雌蕊已经退化成一个小骨朵。所以这种花不能受精，自然它们只能开花而不能结果了。

在杭州西湖的苏堤和白堤两岸，遍地碧桃。在北京颐和园、昆明湖畔、中山公园等风景区也有些类观赏的桃树。

88. 自造星光

小华特别喜欢晚上抬头望向窗外，因为那样可以看见好多星星在天空中闪烁的样子。妈妈知道后，就开始想办法启发孩子的思维。

这天，妈妈找来了一个薯片筒、一颗钉子、一支手电筒、一支铅笔和一把剪刀。首先，拿钉子在薯片筒的盖子上戳一个"星星"孔，接着把手电筒较细的一端压在薯片筒另一端的中央，用手压出棱来，然后使用铅笔按照棱画个圆圈，并用剪刀把圆圈剪下来。再把手电筒塞进洞里，到黑暗的房间，对着天花板打开手电筒，就会看到很多小星星，如果转动薯片筒，还可以看见星星在移动。

小华看到妈妈做的"小星星"在自己家的天花板上闪耀，开心极了。可是，妈妈运用的是什么原理，做出星星的关键原因又是什么呢？

89. 拥有美丽光环的行星

　　课堂上，马可正在认真听讲，当老师讲到"行星周边有很多光环，而且非常漂亮"的时候，马可想象不出"光环"是什么样子的，所以举手问老师："老师，行星漂亮的光环是什么模样的呀？"

　　老师告诉马可一个好玩的游戏，并且说："从这个游戏中，我们就可以知道行星的光环具体是什么样子了。"

　　老师要求马可在一个黑屋子里面将打开的手电筒放到书桌上面，再在塑料瓶中倒入一些爽身粉，这时坐在转椅上面，一边旋转转椅，一边迅速地挤压塑料瓶，使得爽身粉从光束中穿过；然后将一些冰粒放进塑料瓶中，挤压瓶子，使得小冰粒从光束中穿过。这时候就会发现爽身粉显得特别明亮，而且小冰粒也呈现出彩色。

　　这个游戏又说明了什么样的道理呢？

90. 月亮围着地球转

　　中秋节的晚上，小华一家人边吃月饼，边谈论各种知识，有传说，也有自然知识。

　　爸爸兴致突发，找来一个直径大约是 1 厘米的打孔珠子，还有一个装着沙土的沙包，另外还有一根绳子。只见爸爸用绳子的一端绑紧沙包，另一端穿过珠子的小孔，然后系紧。再将小珠子举过头顶不断甩动，等到加速到一定程度的时候，突然松开手向前甩去，这时候就会看到沙包带着珠子一起向前飞行，而且珠子绕着沙包转动。

爸爸微笑着问小华："你知道这个游戏说明了什么吗？"

小华拍着脑袋问："您说的是月球的转动吗？"

爸爸点了点头。

你知道小华是依据什么原理推断爸爸的游戏是说月球转动的吗？

91. 桌子上的地震

小华在家里看电视，电视中的新闻报道说日本那边又发生了地震，很多房屋倒塌，但是还有很多房屋没有被破坏。小华不明白地震的时候为什么有的房屋没有倒塌，于是小华跑去问妈妈这个问题。

妈妈正在整理小华翻过的一些书，想了想说："咱们来做个游戏吧，这样你就会看得非常清楚。"

妈妈首先在桌子上放置一摞书，然后自己一个人左右摇晃桌子，这时小华发现桌子上的书很快就被妈妈的力量晃倒了。过了一会儿，妈妈让小华来帮忙，两个人上下移动桌子，这时，那些书虽然会歪斜，但是没有很快被晃倒。妈妈对小华说："地震的过程中也是一样的道理……"

你知道地震中的破坏程度是什么道理吗？

92. 潮汐是怎样产生的

莉莉因为一点儿小事和同伴芊芊吵架了，妈妈看莉莉不高兴的样子，就说："莉莉，我们来做个'潮汐实验'好不好？这样你就知道潮汐是怎么同事了，你就比芊芊懂更多知识了。"一听要比同伴芊芊多懂知识，好强的莉莉这才有些兴致了。

　　妈妈首先在大盆里面注入 10 厘米左右的水，然后将小碗浮在盆里，再往碗里加入 1 厘米深的水。这时候，用勺子慢慢搅动小碗，尽量保持碗在大盆的中央，加快旋转的速度，最后停下来。妈妈说："在这个过程中我们发现碗里面的水会沿着碗边上升，并且随着速度不断增加而被甩出碗外，这是离心力的作用。"

　　亲爱的读者，你知道妈妈所讲的离心力是怎么同事吗？

93.模拟雨的形成

　　丽丽说："马可，你说这雨是怎么形成的呀？你会模拟下雨吗？"丽丽原以为就是那么一说，可是马可却大声地回答："当然了，我知道雨是怎么来的，而且我还会模拟下雨呢。"

　　于是，马可将一个没有盛水的盘子放人冰箱冷冻层，然后烧上一壶水，等水沸腾的时候，取出冷冻层的盘子，将盘子放在水蒸气不断上升的壶嘴上方 10 厘米～ 15 厘米的地方。过一会儿就发现盘子的底部凝结了很多小水滴，而且水滴越来越多，很可能就会变成"雨"滴落下来。

　　这样马可真的让丽丽看到模拟雨了，这时丽丽才心服口服。

　　你知道大自然中的雨是怎么形成的吗？

94.霜是怎么形成的

　　冬天来了，马可还是和往常一样，早上去锻炼身体。有一天，马

190

可照例沿着公园里面的小路跑步，却看到周围的小花和小草上面都分别有一层白色的霜，马可回到家中，问妈妈："公园里那些花草上面为什么都有一层霜呢？"

妈妈没有正面回答马可的问题，而是取来一个玻璃杯、一支温度计、一块湿布，还有一双筷子。只见妈妈首先从冰箱里面拿了一些冰块放入玻璃杯中，再加入一些盐，用筷子充分搅拌，使它们很快地均匀混合。然后摊开湿布，在上面放上筷子，把玻璃杯稳稳地放到两根筷子上面，这时玻璃杯中的温度应该是 $0℃$ 以下，过了一会儿，玻璃杯的外壁上就出现了白色的霜。

你知道霜形成的原理了吗？

95. 你会造云吗

小南和小华经常在一起做些小游戏。有一次，两个人在小南家的阳台上，透过窗户观看外面的阳光，小南说："阳光太强烈了，应该来点儿云彩才好。"小华眼珠一转，说："我会制云。"

于是，小华找来两个铁罐，一大一小。然后将小铁罐放进大铁罐里面，再将食盐和冰块按照 $1：3$ 的比例配置好，放进两个铁罐的空隙里面。过一会儿，等到小铁罐里面的空气冷却下来，就对着小铁罐吹几口气，把水蒸气带进小铁罐里面。这时候因为小铁罐里面的温度很低，水蒸气就结成了小水滴，然后就形成淡淡的云雾。这时，再用手电筒照射小铁罐，就能很清楚地看到云雾了。

事实上，天上飘浮的白云，有的是由于水蒸气的凝聚形成的，而有的是由浮动着的冰粒或者冰的结晶物组成的。海洋、湖面、植物表面、土壤里的水分，每时每刻都在蒸发，变成水汽，进入大气层。

含有水汽的湿空气，由于某种原因向上升起。在上升过程中，由于周围空气越来越稀薄，气压越来越低，上升空气体积就会膨胀。膨胀的时候要耗去自身的热量，因此上升空气的温度会降低。温度降低了，容纳水汽的本领越来越小，饱和水汽压减小，上升空气里的水汽很快达到饱和状态，温度再降低，多余的水汽就附在空气里悬浮的凝结核上，成为小水滴。如果温度低于 $0℃$，多余的水汽就会凝成冰晶。它们集中在一起，受上升气流的支撑，漂浮在空中，成为我们见到的云。

96. 小瓶子的用途

　　刘邦称帝的第二年，已经归顺他的魏王豹，看到刘邦在彭城之战中被项羽打败，就借口回故地探望母亲。他一回到封地，项羽就派人去拉拢他。魏王豹禁不住项羽的劝说，于是决定叛汉联楚，点起十万人马，把守平阳关，截断河口，抗拒汉军。刘邦在荥阳宫得知这一消息后，大发雷霆。

　　刘邦要发兵去征讨。谋士郦食其谏道："我跟魏王平时有点儿交情，让我先去劝他，如果他仍然不服，大王再发兵也不迟。"刘邦同意。

　　郦食其火速赶到平阳，见到魏王豹，反复说明利害，要他归附汉王。

　　魏王豹却决心已定，任凭郦食其怎么说也没用。

　　郦食其只得回禀刘邦。刘邦即命韩信为左丞相，和灌婴、曹参统帅十万大军渡河攻打魏王豹。

　　魏王豹得知刘邦派兵来攻打的消息后，把重兵调集到蒲坂，封锁了黄河渡口临晋关。韩信来到临晋关，发现对岸全是魏兵，只有上游夏阳地方魏兵不多，于是就决定在夏阳渡河。渡河需要木船，但他们只有100多只，不够用。韩信就派人砍伐木材，并去收买罂（小口大肚子的瓶子）。

灌婴和曹参不明白韩信买罂的用意。

韩信解释说："我们渡河船只有限，如果伐木造船势必影响行期。我们可以做一些木罂：把几十只罂，排成长方形，口朝下，底朝上，用绳子绑在一起，再用木头夹。用它做成筏子可以比一般筏子多载人啊。"灌婴和曹参这才醒悟，就各自去忙着伐木购瓶了。几天工夫，一切准备停当。

这一天，韩信命令灌婴带领1万兵马和100只船，在临晋关黄河的对岸排开阵势，假装要渡河的样子。魏王豹率领重兵虎视眈眈，严阵以待。谁料想，韩信和曹参却偷偷地带领大军连夜把木罂运到了夏阳。

几天的时间过去了，魏王豹并不见临晋关对岸发兵，以为汉军一时不敢渡河。正在这时，安邑守军来报：韩信已攻下安邑，正向平阳方向攻过来。

魏王豹大惊，仓促领兵去阻挡，但是以木罂渡河的汉军在安邑得手后，士气更旺，一路势如破竹，魏军哪里抵抗得住？魏王豹正想往临晋关退去，灌婴的兵马却趁临晋关空虚之际，挥师渡过河来攻占了关口，也向平阳冲来。两路夹击，腹背受敌的魏王豹只得下马投降。韩信很快平定了魏地。

没想到，不起眼的小瓶子，在战争中却发挥了大作用。

97. 粮车里走出的士兵

公元 679 年，唐高宗派兵征讨突厥，派单于都护府长史萧嗣业负责运送粮食，可是没想到，萧嗣业的运粮军队走到半路上，就被突厥首领阿史那德温傅率领的一支军队包围了，结果多数唐军被杀，粮车被突厥劫走。

在第二年，唐高宗任命裴行俭为定襄道行军大总管，率军前去征讨突厥人。

裴行俭领兵来到朔州时，让士兵拉来 300 辆大车，又挑选了 1500 名手持大刀强弩的精兵，对他们说："以前萧嗣业的军粮被突厥人抢劫去，所以兵败。现在，突厥一定会故计重施，我们这次要给敌人来个出其不意。"

说完，他就让这些精兵藏进粮车之中，又让一支部队埋伏在粮车必定经过的险要之处，等待战机。裴行俭假装运送粮食，还是走萧嗣业曾经兵败的道路。

这时候，一支突厥的部队远远望见唐军的运粮车又到，心想：唐军又送粮上门啦！于是，像去年一样，率领军队闪电般地冲上前去。押车的都是老弱残兵，一见来势凶猛的突厥兵，故意惊慌地丢下"粮车"，掉头就逃。

突厥兵截获了粮食，都很高兴。他们兴高采烈地驱赶着"粮车"往回走。当他们来到一个水草丰美的地方时，他们解开马鞍，让马去喝水吃草。

突厥兵忍不住要看看自己的战利品，于是就说："我们来看看唐军都给我们送来了什么粮食。"

就在他们纷纷放下手中的刀枪，准备去打开粮车的时候。粮车突然自己打开了，从车中突然跳出了一个个骁勇无比的唐军。突厥军没有准备，大惊失色，一时不知如何是好。

突厥军正不知所措，唐军却一个个威猛无比，顷刻间，把突厥军杀得溃不成军。突厥军见一时难以战胜，就纷纷落荒而逃。可就在他们逃到险要之处的时候，突然杀声四起，早已埋伏在路两侧的唐军一下子都冲了出来，突厥军大败而逃。

突厥军有了这次惨败的教训以后，再也不敢轻易去劫唐军的运粮车了。